Jean-Michel M

JEUX DE CARTES
À DEUX

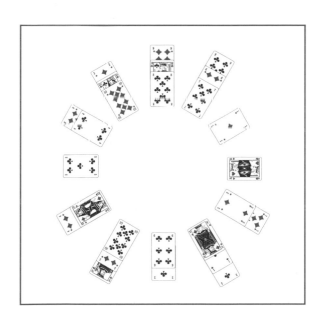

Avant-propos

Coincés en tête-à-tête par une de ces fameuses «après-midi de pluie» ?

Ou bloqués dans une gare, un café, un aéroport à l'autre bout du monde ?

Ou tout simplement tenaillés par l'envie de jouer, mais sans pouvoir y consacrer beaucoup de temps ?

Alors, sortez un jeu de cartes de l'une de vos deux poches et, comme par miracle, mille plaisirs ludiques s'offrent à vous.

Surtout à deux : les jeux de cartes que nous vous présentons dans ce guide, exclusivement conçus pour être pratiqués à deux joueurs, sont les plus passionnants, les plus rapides, les plus ingénieux - de véritables duels, aussi sympathiques qu'acharnés !

Nous avons voulu en expliquer les règles très simplement et très directement, sans variantes ni jargon inutiles, que vous puissiez jouer vite, et bien.

Et ce, quelles que soient vos préférences ludiques : jeux tactiques ou chanceux, faciles à comprendre ou difficiles à maîtriser, il y en a pour tous les goûts !

Vous pourrez vous y retrouver aisément en consultant les trois critères, de chance, de difficulté et de réflexion, qui définissent chaque jeu.

Ce guide finalement n'a qu'un objectif : devenir, juste après votre jeu de cartes et votre adversaire, votre compagnon le plus fidèle.

Index général des jeux

Titre du jeu	Page	Cartes	Difficulté	Chance	Réflexion
Abidjan	10	52	2	2	3
All Fours	12	52	3	3	3
Banqueroute	14	52	2	3	2
Bataille (La)	16	52	1	5	1
Belote (La)	20	32	4	3	4
Bésigue (Le)	24	2X32	3	4	3
Black Jack (Le) ou Vingt-et-Un	26	52	1	5	3
Brusquembille (La)	30	32	2	4	2
Canasta (La)	32	2X52	3	2	4
Cartawel (Le)	36	52	2	4	2
Colonel (Le)	38	52	1	4	2
Comète (La)	40	2X52	1	3	2
Concentration	41	32	1	2	3
Crapette (La)	42	2X52	4	3	4
Cribbage (Le)	46	52	3	5	3
Cubana (La)	49	52	1	5	1
Ecarté (L')	50	32	2	3	4
Euchre (L')	52	32	3	3	3
Gin Rummy (Le)	54	52	3	4	2
Hoc (Le)	58	52	4	3	3
Huit (Les)	61	52	1	3	2
Impériale (L')	62	32	2	2	3
Interdit (L')	64	52	1	2	5
Intrigues	66	2X32	4	4	3
Jass (Le)	69	52	3	3	3
Jonctions	72	52	1	3	2
Jonga (Le)	73	52	4	2	4
Jour J (Le)	78	2X32	2	4	1
Maisons (Les)	80	2X52	2	5	3
Malice (La)	82	2X52	2	2	4
Mat (Le)	85	32	1	1	4
Napoléon (Le)	86	32	1	3	3
Pinochle (Le)	88	2X32	2	3	3
Piquet (Le)	90	32	4	3	4
Pishti (Le)	94	52	1	5	2
Pitch (Le)	96	52	1	4	2
Poker (Le)	98	32	2	4	4
Pokino (Le)	102	52	2	4	3
Rami (Le)	104	52	2	2	3
Rami de la Grand-Mère (Le)	106	52	1	4	2
Scopa (La)	108	52	2	4	3
Serpette (La)	112	52	2	2	4
Spoil Five	114	52	5	5	4
Truco (Le)	116	32	2	4	2
Va pêcher !	118	52	1	5	1
Wam (Le)	119	2X32	2	5	2

Index des jeux par difficulté

Ce qui est évalué ici, c'est la difficulté d'apprentissage des règles : de 1, très facile, à 5, très difficile.

Index des jeux par difficulté

*Quelle part voulez-vous
laisser au hasard ?
La plus faible : 1.
La plus large : 5.*

Index des jeux par difficulté

Souhaitez-vous solliciter vos neurones pour gagner ?
1 : «pas trop, merci...»
5 : «oui, énormément !»

Lexique

A

Atout : carte ou famille de cartes supérieure à toutes les autres.

Annoncer : on annonce généralement des combinaisons ou une intention de mise. «Annonce» est souvent synonyme d'«enchère».

B

Battre : mélanger aléatoirement les cartes.

Brelan : trois cartes de même type.

C

Carré : quatre cartes de même type.

Cave : quantité de jetons ou somme d'argent fixe, allouée à chaque joueur pour miser. La cave permet de limiter les pertes possibles : quand un joueur a épuisé sa cave, il peut choisir de se «re-caver» ou de quitter le jeu.

Combinaison : agencement particulier de cartes, le plus souvent des Paires, des Brelans, des Carrés et des Suites.

Couleur : terme ambigu. Désigne le plus souvent une famille de cartes (exemple : la couleur Pique ; la couleur d'atout est Carreau). Ou, beaucoup plus rarement, «rouge» ou «noir».

Coup (ou Manche) : ensemble des tours de jeu qui aboutissent à un résultat partiel. Le coup commence généralement par la distribution des cartes et se termine par le calcul des points.

Couper : jouer de l'atout dans un jeu de plis. On n'a généralement le droit de couper que si l'on ne possède pas la couleur demandée par l'autre joueur. «Couper» se dit aussi lorsqu'un joueur sépare le jeu en deux parts et les inverse en début de partie pour éviter toute tricherie.

D

Défausser (se) : se débarrasser d'une carte inintéressante ou embarrassante. C'est par exemple jouer une carte qui n'est pas de la couleur demandée, donc certaine de perdre. Ou, quand la règle du jeu l'exige, rejeter une carte sur la pile de défausse, le plus souvent face visible.

Donneur : joueur qui distribue les cartes au début du coup. Pour la première distribution de la partie, on le tire au sort : chaque joueur retourne une carte du paquet, celui qui a la plus forte devient le donneur. Ensuite, dans la très grande majorité des jeux, le donneur alterne d'un coup à l'autre.

E
Ecarter : rejeter des cartes de sa main pour les remplacer par d'autres.

Enchère : annonce supérieure à la précédente.

Entamer : jouer le premier une carte dans une partie, dans un coup, ou dans un tour. Le joueur qui entame un pli est considéré comme avantagé. Se dit aussi «commencer».

Etaler : montrer son jeu ou une partie de son jeu (combinaisons), faces visibles sur la table.

F
Famille : Pique, Cœur, Carreau et Trèfle. Se dit aussi (mais confusion possible) «couleur».

Figures : les Rois, Dames et Valets.

Fournir : jouer une carte de la famille demandée par l'autre joueur.

H
Hauteur : synonyme de «type» de carte (Dame, 8, etc.). Peut désigner aussi la place d'une carte dans la hiérarchie fixée par le jeu.

J
Joker : utilisé par certains jeux, le Joker se substitue généralement à n'importe quelle carte, au choix du joueur. Toujours un allié précieux.

M
Main : ensemble des cartes du joueur, qu'il a «en main», que son adversaire ne voit donc pas.

Manche (voir Coup).

N
Non-donneur : joueur qui n'a pas distribué les cartes au début du coup. Dans la majorité des jeux, c'est le non-donneur qui joue le premier.

O
Ouvrir : faire la première enchère ou annonce. Ou jouer la première carte d'un pli. Se dit aussi «commencer».

P
Paire : deux cartes de même type.

Partie : ensemble de coups ou de manches jusqu'au résultat final.

Passer : renoncer à jouer ou à faire une annonce ou une enchère.

Pioche : pile de cartes, faces cachées, dans laquelle les joueurs «piochent», c'est-à-dire prennent des cartes au cours du jeu.

Pli : ensemble des cartes jouées par les deux joueurs dans un tour, et que le joueur qui a joué la carte la plus forte ramasse. Dans la très grande majorité des jeux, c'est ce joueur vainqueur qui entame le pli suivant.

Pot : lieu où se regroupent toutes les mises en jetons du coup. L'objectif de chaque joueur est de «ramasser le pot» à la fin du coup...

T
Talon : reste du paquet après la distribution. Souvent équivalent de Pioche.

Tour : l'ensemble des actions que peut faire un joueur quand c'est à son «tour» de jouer. Un coup est composé de tours.

S
Suite (ou Séquence) : combinaison de cartes dont les hauteurs se suivent dans la hiérarchie fixée par le jeu.

V
Valeur : valeurs en points de score, fixées par le jeu, des différents types de cartes.

ABIDJAN

Matériel : 1 jeu de 52 cartes
Difficulté : 2
Chance : 2
Réflexion : 3
Principe de jeu : se fixer en secret un but de victoire… sans être découvert !
Ordre des cartes : classique

Préparation :

Avant le début du coup et la distribution des cartes, chaque joueur note en secret sur un bout de papier le numéro de l'objectif qu'il se fixe parmi les sept possibles.

1. Main haute : uniquement composée de figures (As compris).

2. Main basse : uniquement composée de cartes inférieures au 7.

3. Main rouge : uniquement des Cœurs et des Carreaux.

4. Main noire : uniquement des Piques et des Trèfles.

5. Main paire : uniquement des cartes chiffrées paires.

6. Main impaire : uniquement des cartes chiffrées impaires (l'As compte pour un 1).

7. Abidjan : deux Paires quelconques et un As.

Le donneur distribue ensuite 5 cartes à chacun. Le reste constitue la pile de pioche, posée faces visibles sur la table.

Tour de jeu :

A son tour, chaque joueur prend la carte supérieure visible de la pioche et l'intègre à sa main. Puis il rejette une carte, face visible, devant lui. Les cartes rejetées ne peuvent plus être prises. Le joueur peut très bien rejeter la carte qu'il vient de piocher.

Fin du coup :

Le coup s'arrête quand un joueur a atteint son objectif, ou quand son adversaire croit avoir deviné son objectif.
Quand un joueur a réussi à faire correspondre la composition de sa main à l'objectif qu'il s'est fixé, il l'annonce et il montre ce

qu'il avait noté. Il marque alors 30 points, moins le nombre de cartes restant dans la pioche. Bien sûr, il peut arriver que personne n'atteigne son objectif avant la fin de la pioche : dans ce cas, le coup est nul, personne ne marque.

➤   **Attention** : pendant le coup, un joueur peut aussi annoncer à son adversaire *«je connais ton objectif !»*. Dans ce cas, on arrête le coup, le joueur annonce ce qu'il croit avoir deviné, et on vérifie s'il a raison ou tort. S'il a raison, il marque 20 points, plus le nombre de cartes restant dans la pioche. S'il a tort, c'est son adversaire qui marque 30 points, plus le nombre de cartes restant dans la pioche.

Victoire :
On joue en plusieurs coups.
Le premier joueur qui totalise 100 points au moins a gagné !

ASTUCES

Un joueur reçoit un maximum de points quand son adversaire essaie de deviner et se trompe !
Une stratégie sournoise consiste donc à abandonner son objectif pour prendre des cartes très «significatives» : que des figures, que des rouges, etc., pour abuser le Sherlock Holmes adverse et le pousser à l'erreur... Hélas, s'il est prudent, ou si la manœuvre est trop visible, il risque d'atteindre avant vous son objectif. A vous de choisir !

RÈGLE SPÉCIALE

Si un joueur a choisi au début du coup l'objectif Abidjan, il gagne le droit à deux essais au lieu d'un pour deviner l'objectif de son adversaire. C'est-à-dire qu'il a droit à l'erreur au premier essai : dans ce cas, son adversaire lui annonce seulement qu'il se trompe (sans montrer ce qu'il a noté, on vérifiera en fin de partie) et le jeu continue normalement. Au second essai, par contre, la règle normale s'applique...

ALL FOURS (OU SEVEN-UP)

Matériel : 1 jeu de 52 cartes, 14 jetons
Difficulté : 3
Chance : 3
Réflexion : 3
Principe de jeu : bien choisir l'atout et finalement récolter 7 jetons le premier
Ordre des cartes : classique

Préparation :

On met les 14 jetons de côté, qui forment la banque. Le donneur distribue, 3 par 3, 6 cartes à chaque joueur, puis il retourne la carte suivante, dont la couleur désigne l'atout.

Le non-donneur annonce alors s'il accepte ou s'il refuse cette couleur d'atout.

S'il accepte, la partie commence.

S'il refuse, le donneur peut annoncer *«coup de force !»* : c'est-à-dire qu'il maintient cet atout malgré l'avis du non-donneur. Pour le dédommager, il lui donne 1 jeton (pris à la banque s'il n'en a pas encore ou s'il n'en a plus), et la partie commence.

Le donneur peut aussi accepter le refus de son adversaire : *«accepté !»*. Dans ce cas, il redistribue 3 cartes à chacun, et retourne une nouvelle carte dési-

gnant l'atout (si c'est le même atout, il redistribue encore 3 cartes et retourne une autre carte d'atout).

On recommence alors le même processus (accord ou refus du non-donneur, coup de force ou accord du donneur, etc.) jusqu'à ce qu'un atout soit désigné.

Chaque joueur rejette alors suffisamment de cartes pour n'en garder que 6 en main, et la partie commence.

> A chaque fois que la carte retournée désignant l'atout est un Valet, le donneur reçoit 1 jeton de la banque.

Tour de jeu :

On entame un jeu de plis classique, le non-donneur jouant en premier. Chaque joueur fournit la couleur demandée, coupe avec de l'atout, ou se défausse librement.

➤ **Attention :** on peut choisir de couper même si on est capable de fournir à la couleur demandée ! Par contre, il est interdit de se défausser si on peut fournir.

Fin du coup et victoire :

On compte les points de chaque joueur en permanence, pendant les annonces et pendant le jeu des plis.
Les points sont marqués ainsi :

• Pendant la distribution et le choix de l'atout :
- 1 point pour le non-donneur si le donneur impose l'atout ;
- 1 point pour le donneur à chaque Valet retourné.

• Pendant le coup, en fonction des cartes contenues dans les plis du joueur :
- 1 point pour la carte d'atout la plus haute de la partie ;
- 1 point pour la carte d'atout la plus petite de la partie.

• A la fin du coup :
- 1 point pour le plus haut total : on additionne les cartes contenues dans tous les plis ramassés par le joueur. L'As vaut 4, le Roi 3, la Dame 2, le Valet 1, et le Dix 10. Toutes les autres cartes valent 0. Celui des joueurs qui a le plus fort total marque 1 point (rien en cas d'égalité).
A chaque point marqué, le joueur reçoit un jeton de la banque (ou du donneur quand celui-ci impose l'atout).

Le premier joueur qui réunit 7 jetons, à n'importe quel moment de la partie, est le vainqueur !

VARIANTE

«ALL FIVE» : **le mécanisme de jeu est identique, mais, à la fin de chaque coup, le total des cartes des plis, au lieu de donner seulement 1 point, s'ajoute au compte du joueur. La valeur des cartes est la même, à l'exception du 5, qui vaut 5. Le premier joueur qui atteint 61 points est vainqueur.**

Banqueroute

Matériel : 1 jeu de 52 cartes et 2 Jokers
Difficulté : 2
Chance : 3
Réflexion : 2
Principe de jeu : acheter des cartes pour constituer des combinaisons et marquer des points
Ordre des cartes : classique

Préparation :

Le donneur distribue 7 cartes à chaque joueur, une par une. Puis il dispose les 24 cartes suivantes faces visibles sur la table en 4 colonnes de 6 cartes, à demi recouvertes. Les cartes restantes ne servent pas.

Tour de jeu :

Le donneur commence.
A son tour de jeu, chaque joueur doit d'abord prendre une des cartes de la table pour la mettre dans sa main, puis en rejeter une autre de sa main.
S'il prend une carte complètement découverte (en bas de chaque colonne), c'est gratuit.
S'il prend une carte à demi recouverte, il doit l'acheter, en payant autant de fois 10 points que cette carte est recouverte. La carte en haut d'une colonne coûte par exemple 50 points, celle en dessous 40, etc. Ces points d'achat

sont bien sûr déduits du score du joueur, qui peut être négatif.
Le joueur rejette ensuite une carte qu'il place à son choix tout en bas (donc non recouverte) ou tout en haut (donc recouverte) d'une des colonnes.

Fin du coup :

A partir du moment où chaque joueur a fait au moins 3 achats, si un joueur a en main une combinaison gagnante, il peut l'étaler et mettre fin au coup. Le joueur peut aussi attendre pour essayer d'améliorer sa combinaison.

Les combinaisons possibles sont :
- 2 Suites,
- 1 Suite et 1 Brelan,
- 2 Brelans,
- 1 Suite de 6 cartes.

Le joueur compte ses points en additionnant la valeur des cartes contenues dans sa combinaison.

Les cartes des Suites doivent être de la même famille. Un Joker peut remplacer n'importe quelle carte. Il est interdit d'utiliser deux Jokers dans une même main.

L'autre joueur ne marque rien. Les valeurs des cartes sont : As 30, figures 20, les autres cartes valent leur valeur chiffrée.

Victoire :

On joue jusqu'à ce qu'un des deux joueurs atteigne ou dépasse un total de 200 points. Il est vainqueur !

 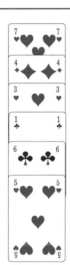  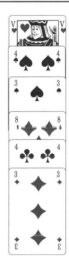

Savoir investir

Dans cet exemple, le 4 de Carreau (deuxième colonne en partant de la gauche) coûte 40 points, le 2 de Carreau (troisième colonne) coûte 50 points. Ces deux cartes achetées vous permettraient de compléter une suite... Mais 90 points, est-ce un investissement raisonnable pour une suite 2-3-4-5-6-7 qui ne vaudra que 27 points ? Choisissez une autre solution !

BATAILLE (LA)

Matériel : 1 jeu de 32 ou de 52 cartes
Difficulté : 1
Chance : 5
Réflexion : 1
Principe de jeu : qui n'a pas joué une fois à la Bataille, le plus simple des jeux de cartes, idéal pour les enfants ? Le but du jeu est de capturer toutes les cartes de son adversaire
Ordre des cartes : classique

Préparation :
On distribue à chaque joueur la moitié d'un jeu de 32 (partie plus rapide) ou de 52 cartes. Chaque joueur pose cette moitié en pile devant lui, faces cachées, sans jamais regarder les cartes.

Tour de jeu :
Les deux joueurs, simultanément, retournent la première carte de leur pioche. La plus forte des deux cartes «capture» l'autre. Le joueur vainqueur ramasse les deux cartes et les met, faces cachées, sous sa pile.

En cas d'égalité entre les deux cartes (deux Rois, deux 10, etc.), les joueurs laissent les cartes sur la table et ajoutent la carte suivante de leur pioche, jusqu'à ce que l'égalité soit brisée. Le vainqueur ramasse alors toutes les cartes jouées.

Victoire :
Quand un joueur a réussi à capturer toutes les cartes de son adversaire, il a gagné !

La Bataille est un jeu si simple qu'il se prête à d'innombrables variantes, souvent plus intéressantes que l'original. En voici quelques-unes.

16

VARIANTES

LA BATAILLE DÉCOUVERTE

On joue avec un jeu de 32 cartes. Cette fois, les joueurs prennent leurs 16 cartes en main, les voient, et choisissent donc celle qu'ils jouent à chaque fois.

Les deux cartes de chaque bataille sont jouées simultanément, faces cachées, puis retournées pour voir qui l'emporte. Le vainqueur réintègre ces deux cartes dans sa main.

Attention : un joueur n'a pas le droit de jouer deux fois de suite la même hauteur de carte (deux fois un Valet, par exemple).

En cas d'égalité, on se départage avec une nouvelle carte jouée, comme dans la Bataille classique.

Note : il faut avoir de grosses mains pour tenir les nombreuses cartes quand on gagne ! On a évidemment le droit d'en poser quelques-unes sur la table pour se dégager…

LES RÉSERVISTES

On joue avec un jeu de 52 cartes. Chaque joueur reçoit 26 cartes, qu'il regarde, et qu'il répartit à sa guise en deux tas de 13 cartes chacun : les Combattants et les Réservistes. Il laisse les Réservistes devant lui en pile de pioche, faces cachées, et il prend les 16 cartes des Combattants en main.

On suit le déroulement de jeu de la Bataille découverte : chaque joueur joue simultanément un de ses Combattants, le gagnant intègre les cartes à sa main de Combattants. Mais avant cela, le perdant du duel a la possibilité, s'il le souhaite, d'essayer de retourner la situation en faisant intervenir un de ses Réservistes : il joue la première carte de sa pioche. Si cette nouvelle carte est plus forte que celle initialement jouée par l'adversaire, le joueur ramasse les trois cartes et les place sous sa pioche de Réservistes. Si la carte est plus faible ou de valeur égale, c'est l'adversaire qui ramasse les trois cartes et les intègre à sa main, à ses Combattants.

Un joueur perd quand il n'a plus de Combattants en main, quelle que soit l'importance de sa pile de Réservistes.

Bataille (la)

LA BATAILLE ANGLAISE

On joue avec un jeu de 52 cartes. Comme dans la Bataille classique, chaque joueur a devant lui une pioche de 26 cartes, faces cachées, qu'il ne connaît pas.

Les cartes chiffrées, du 10 au 2, sont les Soldats. Elles ne valent rien et ne combattent pas directement.

Les figures et les As sont les Officiers. Un As vaut 4 Soldats, un Roi 3 Soldats, une Dame 2 Soldats, un Valet 1 Soldat.

Les joueurs retournent simultanément une carte de leur pioche. Tant qu'il s'agit de Soldats, ils continuent à retourner des cartes. Dès qu'un Officier apparaît, c'est au joueur adverse de retourner tout seul, successivement, autant de cartes que le vaut cet Officier (4 pour un As, 3 pour un Roi, etc.). Si un Officier apparaît alors, c'est à l'autre joueur de retourner tout seul des cartes. Mais s'il n'y a que des Soldats dans ces cartes demandées, le possesseur de l'officier capture toutes les cartes et les place sous sa pioche. Le jeu est rapide et garantit de spectaculaires coups de théâtre !

Exemple :

A et B retournent chacun simultanément un Soldat. Pas de bataille, on continue. A retourne ensuite un Officier (un Roi), et B un Soldat. A cause de l'Officier-Roi de A, B est donc obligé de retourner successivement 3 cartes.

La première est un Soldat, la deuxième aussi, la troisième est une Dame... ouf ! C'est donc au joueur A, maintenant, de retourner seul 2 cartes à cause de l'Officier-Dame de B.

La première est un Soldat et, hélas pour A, la seconde aussi ! B l'emporte donc, et il capture l'ensemble de toutes les cartes jouées depuis le début pour les placer sous sa pioche.

La partie continue : à nouveau, A et B retournent chacun simultanément une carte... Et ainsi de suite, jusqu'à ce qu'un des deux joueurs n'ait plus de cartes dans sa pioche. Son adversaire a gagné !

HANNIBAL

On joue avec un jeu de 52 cartes. Le donneur distribue 9 cartes à chacun.

Chaque joueur prend ses cartes en main et en choisit 3, qu'il place en ligne au centre de la table, faces cachées, chaque carte faisant face à une de son adversaire.

En partant d'un bout (on convient lequel), les joueurs retournent simultanément leurs cartes une à une. À chaque fois, la plus forte carte gagne le duel. En cas d'égalité, c'est la couleur la plus haute qui l'emporte (ordre croissant des couleurs : Trèfle, Carreau, Cœur, Pique). Après chacun des deux premiers duels, le perdant peut annoncer *«à l'assaut !»* ou *«je me rends !»*.

S'il se rend, il ramasse la plus forte de ses 3 cartes et l'empile devant lui, l'adversaire ramasse le reste. Sinon, on continue avec le duel suivant. Le joueur qui remporte au moins 2 des 3 duels ramasse les 6 cartes.

Chaque joueur reprend en main 3 cartes de la pioche, et c'est reparti.

Quand la pioche est épuisée, on joue un dernier duel. Puis les joueurs marquent 1 point par As ou figure dans leurs cartes ramassées. Le plus fort gagne !

Exemple :

A retourne d'abord un Roi, B un Valet.

A est plus fort sur ce premier duel.

B annonce «à l'assaut !», la bataille continue.

A retourne un Dix, B retourne une Dame.

B est plus fort sur ce deuxième duel. C'est donc à A de se rendre ou de continuer. Une décision difficile ! En effet, puisque chaque joueur a l'avantage sur un duel, c'est le troisième duel qui va décider de l'issue de la bataille. Or A sait que sa troisième carte est un 4... plutôt faible ! Il préfère donc annoncer : «je me rends.» Ainsi, au lieu de donner toutes les cartes à son adversaire, il récupère au moins son Roi, la carte la plus forte qu'il ait jouée dans cette bataille, qui lui fera marquer 1 point à la fin de la partie.

La décision aurait été beaucoup plus délicate à prendre si sa troisième carte avait été un 9 ou un 10...

Une bonne tactique est donc d'éviter de jouer des cartes de valeurs intermédiaires dans le troisième duel, on évite ainsi de cruels et hasardeux dilemmes !

BELOTE À DEUX (LA)

Matériel : 1 jeu de 32 cartes
Difficulté : 4
Chance : 3
Réflexion : 4
Principe de jeu : marquer des points avec les combinaisons en main et les plis ramassés. Atteindre le premier 1000 points en plusieurs manches
Ordre des cartes : l'ordre et la valeur des cartes varient selon qu'il s'agit ou non de l'atout

Couleur d'atout		Autres couleurs	
Ordre	Valeur	Ordre	Valeur
1. Valet	20	1. As	11
2. Neuf	14	2. Dix	10
3. As	11	3. Roi	4
4. Dix	10	4. Dame	3
5. Roi	4	5. Valet	2
6. Dame	3	6. Neuf	0
7. Huit	0	7. Huit	0
8. Sept	0	8. Sept	0

Préparation :

Le donneur distribue 6 cartes à chacun, 3 par 3, puis retourne la carte suivante, qui désigne la couleur d'atout provisoire. Chacun regarde son jeu.

• Détermination de l'atout :

Le non-donneur peut accepter cette couleur d'atout, ou dire *«je passe»*.

S'il l'accepte, on joue avec cet atout.
S'il passe, c'est alors au donneur d'avoir le même choix.
Si les deux joueurs passent, la parole revient au non-donneur : il peut passer à nouveau, ou proposer un autre atout de son choix.
S'il propose un atout, on joue avec cet atout.
S'il passe, c'est alors au donneur

d'avoir le même choix.
Si les joueurs passent tous les deux à nouveau, le coup est annulé, on redonne.
Une fois l'atout déterminé, le donneur distribue à nouveau 3 cartes à chacun.

> **Si le joueur a accepté l'atout de la carte retournée, et s'il a le 7 de cette même couleur en main, il peut, s'il le veut, échanger ce 7 avec la carte retournée.**

➤ **Attention :** en acceptant ou en choisissant l'atout, le joueur s'engage à marquer dans la manche plus de points que son adversaire.

• **Annonce de combinaisons :**
La Belote est un jeu de plis ou de levées. Mais chaque joueur peut aussi marquer des points grâce à des combinaisons composées des cartes qu'il a en main.
Dès que le premier joueur (toujours le non-donneur) joue sa première carte, il annonce le ou les combinaisons (sauf la Belote) qu'il a en main. Le joueur annonce juste le type de combinaison, pas sa hauteur.
Son adversaire lui répond en annonçant aussi sa ou ses combi-

naisons. La plus haute combinaison annule les autres.

Exemple : *A annonce une Quinte. B lui répond en annonçant un Carré. B est plus fort : il montre son Carré, de Neufs par exemple, et marque 150 points. A ne marque pas sa Quinte.*

Combinaisons	Valeur
Carré de Valets	200
Carré de Neufs	150
Carré d'As, Dix, Rois ou Dames	100
Quinte (suite de 5 cartes de même couleur)	100
Quatrième (suite de 4 cartes de même couleur)	50
Tierce (suite de 3 cartes de même couleur)	20
Belote (le Roi et la Dame d'atout)	20

• **Egalité de combinaisons :**
Il peut arriver que les deux joueurs aient le même type de combinaison. Dans ce cas, chacun doit préciser la hauteur de la combinaison.
Pour un Carré, cela dépend de la carte qui le forme.
Pour une Quinte, Quatrième, ou Tierce, cela dépend de la plus haute carte de la Suite. Ainsi, une Tierce au Roi annule une Tierce à la Dame.
Il se peut aussi que les deux

Suites soient de même hauteur. Par exemple, deux Quatrièmes au Roi. Si l'une d'entre elles est de la couleur d'atout, elle annule l'autre. Si les deux Suites sont de couleurs neutres, la première annoncée annule la seconde.

➤ **Attention** : une même carte de la main du joueur peut compter dans plusieurs de ses combinaisons. Elles sont cependant toutes annulées par une seule combinaison supérieure annoncée par l'adversaire.

**CAS PARTICULIER :
LA BELOTE**

Si un joueur a en main une «Belote» (Dame et Roi d'atout), il ne fait cette annonce qu'en cours de jeu. Quand il joue la première de ces deux cartes, il annonce *«Belote»*. Quand il joue plus tard la seconde, il annonce *«Rebelote»*. S'il oublie de faire clairement ces annonces, il ne marquera pas les points de la combinaison...

Tour de jeu :

Le non-donneur joue toujours en premier.

On est obligé de fournir la couleur demandée si on le peut.

Sinon, on doit couper. Si on ne peut pas couper, on peut se défausser.

Si c'est de l'atout qui est demandé, on est obligé si on le peut de «monter», c'est-à-dire de jouer une carte d'atout plus forte.

Sinon, on en joue une plus faible. Sinon, on se défausse.

Le joueur qui a joué la carte la plus forte dans la couleur demandée, ou qui a coupé, remporte le pli. Il ouvre le pli suivant.

Décompte des points :

Le coup fini, chaque joueur totalise les valeurs des cartes contenues dans ses plis. Puis il ajoute à ce total les points de combinaison qu'il a pu marquer.

Enfin, il marque :
- 10 points de plus s'il a fait le dernier pli («dix de der»),
- 100 points de plus s'il a fait tous les plis («capot»).

Dans ce cas, il ne marque pas le «dix de der».

Si le joueur qui a choisi l'atout a plus de points que son adversaire, il marque ses propres points. S'il fait moins de points que son adversaire, il lui donne tous ses points !

Exemple :
Le joueur A a choisi l'atout. Il marque :

Combinaison :	0
(il avait seulement une Quatrième)	
Belote :	20
Dix de der :	10
Plis :	65
TOTAL :	95

Son adversaire, B, marque :

Combinaison :	100
(il avait une Quinte)	
Plis :	46
TOTAL :	146

A n'a donc pas fait plus que son adversaire. On dit qu'il est «dedans».
A ne marque rien. B marque ses 146 points + les 95 points de A : 241 points.

Imaginons avec les mêmes comptes que c'est B qui a choisi l'atout. Dans ce cas : A ne marque rien. B marque ses 146 points.

Victoire :
La partie se joue en 1000 points. On additionne les points marqués à chaque manche. Le premier joueur qui totalise 1000 a gagné !

Exemple :
Ce joueur très chanceux marque une Tierce (10, Roi, Dame) et un Carré (les quatre 10 !).

BÉSIGUE (LE)

Matériel : 2 jeux de 32 cartes
Difficulté : 3
Chance : 4
Réflexion : 3
Principe de jeu : faire des plis pour pouvoir marquer des combinaisons
Ordre des cartes : décroissant : 7, 8, 9, Valet, Dame, Roi, 10, As

Combinaisons	Valeur
Mariage (Roi et Dame de même couleur)	20
Mariage d'atout (Roi et Dame d'atout)	40
Carré de Valets	40
Carré de Dames	60
Carré de Rois	80
Carré d'As	100
Bésigue (Dame de Pique et Valet de Carreau)	40
Double Bésigue (les 2 Bésigues)	500
Quinte (As, 10, Roi, Dame, Valet d'atout)	250

Préparation :

Le donneur bat ensemble les cartes des deux paquets de 32. Puis il distribue 9 cartes à chacun, 3 par 3. Il retourne la carte suivante, qui indique la couleur d'atout. Le reste des cartes, placé en pile, faces cachées, forme la pioche.
Si la carte retournée est un 7, le donneur marque aussitôt 10 points.
Si le non-donneur a en main le 7 d'atout, il peut l'échanger contre la carte d'atout retournée.

Tour de jeu :

Le non-donneur joue en premier. Il abat une carte. L'adversaire n'est obligé à rien : il peut suivre la couleur demandée ou en jouer une autre, il peut couper ou non, librement. La carte la plus forte remporte le pli. En cas d'égalité, c'est la première carte jouée qui l'emporte. Puis chaque joueur, celui qui a fait le pli en premier, reprend une carte dans la pioche.

➢ **Attention :** quand la pioche est épuisée, le joueur dont c'est le tour prend dans sa main la carte retournée au début du jeu. Les joueurs terminent alors le coup avec les cartes qu'ils ont en

24

main, en suivant quelques modifications dans les règles :

- Le joueur doit fournir la couleur demandée quand il le peut.

- Le joueur est obligé de couper s'il n'a pas la couleur demandée.

- S'il n'a pas non plus d'atout, il a alors le droit de se défausser.

Annonce des combinaisons :

Un joueur ne peut annoncer une combinaison que s'il ramasse un pli. Il le fait aussitôt le pli ramassé, et il ne peut annoncer qu'une seule combinaison à chaque fois. Il montre la combinaison à son adversaire et il marque les points correspondants.

Une même carte peut s'intégrer dans plusieurs combinaisons successives. Mais il faut que ces combinaisons soient de types différents.

Points supplémentaires :

- L'As et le 10 sont appelés des «Brisques». Une Brisque dans un pli donne 10 points à celui qui la ramasse.

- Le joueur qui ramasse le dernier pli marque 10 points.

Fin du coup et victoire :

Une partie de Bésigue se joue traditionnellement en 1500 points. On joue autant de coups qu'il le faut pour qu'un joueur atteigne ce total.

La partie s'arrête dès que ce score est atteint, même en cours de manche, et le joueur est aussitôt déclaré vainqueur !

Exemple :

Une Dame de Pique et un Valet de Carreau peuvent être marqués dans un premier temps comme Bésigue. Mais rien n'empêche cette même Dame de Pique de s'intégrer par la suite à un Carré de Dames et, encore plus tard, à un Mariage avec le Roi de sa couleur. Il est par contre interdit d'annoncer deux Carrés de Rois avec un même Roi dans chaque. Il faut que tous les Rois de ces deux combinaisons soient différents.

BLACK-JACK (LE) OU VINGT-ET-UN

Matériel : 1 jeu de 52 cartes, des jetons
Difficulté : 1
Chance : 5
Réflexion : 3
Principe de jeu : se rapprocher au plus près de 21 points pour battre son adversaire
Ordre des cartes : les cartes chiffrées valent leur valeur. Les figures valent 10. L'As vaut 1 ou 11, selon l'intérêt du joueur

Principe de base :

Il s'agit surtout d'un jeu d'argent. Le principe du jeu est que le joueur dont le total des cartes est le plus proche de 21 gagne la mise du coup.

En cas d'égalité, c'est le joueur qui tient le rôle du «banquier» qui gagne.

Un joueur qui dépasse 21 perd toujours. On dit qu'il «sort».

Préparation :

Si on joue de l'argent, on convient d'abord de la valeur de base du jeton. On peut jouer aussi «pour des haricots».

Le vainqueur est alors le joueur qui réussit à dépouiller son adversaire de tous ses jetons.

Il faut donc fixer une mise mini-male, une mise maximale et une «cave» (nombre de jetons donnés à chaque joueur en début de partie).

> Un bon dosage est :
> - mise minimale : 1 jeton,
> - mise maximale : 5 jetons,
> - cave de chaque joueur : 150 jetons.

Un joueur bat les cartes. Il en enlève 6 sans les regarder, qu'il met de côté faces cachées : elles ne serviront pas dans le jeu. Il pose le reste des cartes en pile, faces cachées, sur la table.

➢ **Attention :** on joue jusqu'à épuisement de cette pile, sans jamais rebattre.

Tour de jeu :

Un joueur est le «banquier», l'autre le «ponte». Les joueurs alternent ces rôles à chaque coup. Le ponte commence par poser devant lui sa mise en jetons pour le coup. Ensuite, le banquier distribue : d'abord une carte face visible devant le ponte, puis une carte face cachée devant lui-même, puis une seconde carte visible devant le ponte, puis une seconde carte, cette fois visible, devant lui-même.

Le ponte examine la situation et prend une décision. Il a plusieurs choix :

- *«Je reste»* : il garde ses deux cartes sans en demander d'autre. Le banquier joue, on voit qui a gagné.

- *«Carte !»* : il demande une autre carte. Le banquier la lui donne, face visible. Si le total des 3 cartes du ponte excède 21, le ponte «sort». Il a aussitôt perdu,

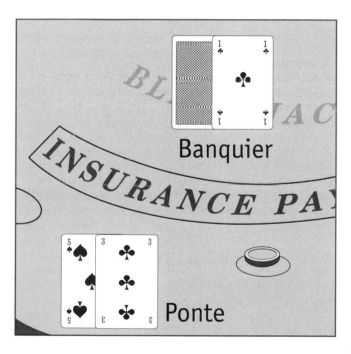

27

le banquier ramasse la mise, le coup est fini. Si le total est inférieur à 21, le ponte peut à nouveau demander une autre carte ou dire «je reste». Il peut demander successivement autant de cartes qu'il le désire tant qu'il ne «sort» pas.

- *«Hit !»* : le ponte décide de demander une autre carte, mais **une seule**, sans pouvoir en demander d'autre. Il double sa mise.

- *«Split»* : si les deux cartes de départ du ponte sont de même hauteur (deux Huit, deux Rois, etc.), le ponte peut «splitter» son jeu, c'est-à-dire le séparer en deux jeux simultanés. Il place aussitôt une seconde mise égale à celle de départ. Chacune des cartes initiales devient alors la première de chacun des deux nouveaux jeux, et le banquier distribue une seconde carte à chaque jeu. Le ponte fait alors à nouveau des choix pour chacun de ses deux jeux.

Il lui est interdit de «splitter» à nouveau.

Obligations :

Le jeu du ponte est libre : il peut très bien décider *«je reste»* avec un jeu faible, de 14 points par exemple.

Il décide aussi librement de la valeur de chaque As de son jeu : 1 ou 11, comme cela l'arrange, à tout moment.

Le jeu du banquier, lui, est automatique. Il commence à jouer dès que le ponte ne demande plus de carte.

Le banquier retourne sa carte cachée et suit strictement ces obligations :

- tant qu'il a moins de 17, il doit tirer une carte, même s'il risque de «sortir» ;

- dès qu'il a plus de 17, il «reste» ;

- l'As vaut 11, sauf si cette valeur fait «sortir» le banquier au-dessus de 21. Dans ce cas, on considère que l'As vaut 1.

Le Black-Jack :

On appelle «Black-Jack» un jeu de 21 points servi dès la donne, en deux cartes. C'est-à-dire obligatoirement un As (valeur 11) et un Dix ou une figure (valeur 10). Si le ponte reçoit un Black-Jack, et que le banquier n'en a pas un, le banquier lui paie aussitôt deux fois sa mise. Si le banquier a aussi un Black-Jack, le coup est annulé.

Si le banquier est seul à avoir un Black-Jack, il gagne normalement le coup, le ponte n'a à lui verser aucun supplément.

L'assurance : à la donne, si la carte visible du banquier est un As, il est très possible qu'il ait un Black-Jack… Le banquier propose alors au ponte de prendre une «assurance». Le ponte accepte ou refuse. S'il accepte, il place, à côté de sa mise initiale, une mise d'assurance d'1 jeton. Le coup continue normalement.

Si l'on voit ensuite que le banquier a Black-Jack, le ponte reçoit 2 fois la valeur de sa mise d'assurance. Sinon, le banquier ramasse l'assurance. Les autres paiement sont effectués normalement.

Paiements :

Quand le banquier gagne, il prend les mises du ponte.

Quand le ponte gagne, il récupère ses mises, et le banquier lui paie l'équivalent.

Ensuite, on jette de côté les cartes utilisées.

Nouveau coup : le ponte devient banquier, le banquier devient ponte… Et ainsi de suite jusqu'à la ruine ou à la fortune !

CHANCE ET STRATÉGIE

Le Black-Jack est un jeu d'argent redoutable ! Il est pratiqué dans tous les casinos du monde avec quelques variations dans les règles. Les casinos utilisent par exemple plusieurs jeux de 52 cartes mélangés comme pile de jeu, dont ils retirent un certain nombre de cartes. Cela pour éviter que les joueurs professionnels, en réussissant à mémoriser toutes les cartes qui passent, ne puissent jouer les derniers coups en sachant exactement ce qui reste dans la pile… C'est pourquoi, dans notre règle qui n'utilise qu'un seul jeu, nous vous demandons de mettre de côté 6 cartes.

BRUSQUEMBILLE (LA)

Matériel : 1 jeu de 32 cartes
Difficulté : 2
Chance : 4
Réflexion : 2
Principe de jeu : faire des plis et marquer des points avec des cartes piochées au fur et à mesure de la partie
Ordre des cartes : croissant : 7, 8, 9, Valet, Dame, Roi, 10, As

Préparation :

Le donneur distribue 3 cartes à chacun, puis retourne une carte qui donne la couleur de l'atout. Il place le reste des cartes au centre de la table en une pile de pioche, faces cachées.

Tour de jeu :

Le non-donneur commence.
On joue une carte de sa main. Le joueur adverse peut jouer une carte de la même couleur ou d'une autre couleur, à sa guise. Il ne peut couper avec l'atout que s'il n'a en main aucune carte de la couleur demandée. Il n'est pas obligatoire de couper, on peut toujours se défausser.
Le pli revient au joueur qui a joué la plus forte carte dans la couleur demandée, ou au joueur qui a coupé.
Chaque joueur reprend alors une carte de la pioche pour compléter sa main à 3 cartes. C'est toujours le joueur qui vient de faire le pli qui entame le coup suivant.

Comptes :

Tous les 4 plis, on arrête un moment le jeu pour faire les comptes. Chaque joueur additionne la valeur des cartes ramassées dans ses plis :
- 11 points pour un As,
- 10 pour un Dix,
- 4 pour un Roi,
- 3 pour une Dame,
- 2 pour un Valet,
- 0 pour les 9, 8 et 7.

Le joueur qui a le plus fort total marque 5 points. Plus 2 points par As, et 1 point par Dix. L'autre joueur marque seulement les As et les Dix.
On note ces points, et la partie continue avec la pioche existante et les cartes déjà en main.

Exemple :

Le joueur A, en haut, a un total de 28 points. Le joueur B a 13 points. A est le plus fort : il marque donc 5 points auxquels s'ajoutent 2 points pour son As et 1 point pour son Dix, soit donc 8 points. B marque seulement son As, soit 2 points.

Fin du coup et victoire :

Quand la pioche est épuisée, chaque joueur joue les 2 cartes qui lui restent en main.
On compte alors ces derniers plis. Puis on fait les comptes définitifs, en additionnant tous les scores déjà réalisés. Le joueur qui a le total le plus élevé l'emporte !

Pour faire durer le plaisir, on jouera généralement en trois parties successives. On accorde dans ce cas un bonus de 30 points au plus haut score de chaque partie. Le score final est le total des trois parties, bonus compris.

CANASTA (LA)

Matériel : 2 jeux de 52 cartes, plus 2 Jokers
Difficulté : 3
Chance : 2
Réflexion : 4
Principe de jeu : se débarrasser de ses cartes en posant des combinaisons de cartes semblables. Une «Canasta» est une combinaison de 7 cartes
Ordre des cartes : sans importance

Principe de base :

Les joueurs cherchent à se débarrasser de leurs cartes en posant devant eux, sur la table, bien visibles, des combinaisons de trois cartes ou plus semblables, avec lesquelles ils marquent des points.

Les Jokers et les 2 sont des cartes «volantes», qui peuvent remplacer n'importe quelle carte.

➤ **Attention :** les «volantes» ne doivent jamais être majoritaires dans une combinaison.
Exemple : *deux 2 et un Joker associés à deux Valets n'est pas une combinaison valable de 5 cartes ; dans ce cas, il faut au minimum 3 Valets.*

Les 3 sont spéciaux : ils ne peuvent s'intégrer à aucune combinaison, sauf si cette combinaison permet au joueur de finir le coup. Les 3 rouges, dès qu'on en a, doivent être annoncés et posés. Chacun donne un bonus de 100 points. Le joueur reprend aussitôt dans la pioche autant de cartes qu'il a posé de 3 rouges.

On peut à la rigueur ne pas annoncer ses 3 rouges et les garder en main. Toutefois, un joueur avec des 3 rouges en main à la fin du coup sera pénalisé de 500 points pour chaque !

Les 3 noirs sont des cartes de blocage : elles bloquent la pile de défausse (voir plus loin).

Préparation :

Après avoir mélangé les 108 cartes (2 jeux de 52 plus 2 Jokers), le donneur distribue 15 cartes à chaque joueur. Il place le reste sur la table en une pile de pioche, faces cachées. Il en retourne la première carte, à côté, face visible, qui ouvre la pile de défausse.

Tour de jeu :

A son tour chaque joueur prend d'abord une carte, soit sur la pioche, soit sur la défausse. Puis il peut poser des combinaisons. Enfin, il rejette une carte face visible sur la pile de défausse. Le tour passe à son adversaire.

• Prise de carte :

Si le joueur choisit la carte de la pioche, il n'a aucune obligation. Par contre, s'il choisit la carte de la défausse, il a l'obligation de l'intégrer aussitôt à une combinaison : soit à une combinaison qu'il a déjà posée, soit à une nouvelle combinaison qu'il fait aussitôt avec des cartes de sa main.

Il peut utiliser des Jokers et des 2, mais il doit au moins fournir une carte semblable à celle de la défausse.

Rappelons que les Jokers et les 2 ne doivent jamais être majoritaires dans la combinaison.

Ensuite, le joueur qui a utilisé la carte de la défausse prend obligatoirement le reste de la pile de défausse et l'intègre à sa main.

> Ce n'est pas une pénalité, loin de là : plus on a de cartes en main, plus on peut faire de combinaisons !

EXCEPTIONS

- Si la carte de la défausse est un Joker ou un 2, le joueur ne peut la prendre que s'il forme une combinaison avec des cartes de sa main, aucune de ces cartes ne pouvant être un Joker ni un 2.

- Si la carte de la défausse est un 3 noir, il est impossible de la prendre, sauf pour finir le coup.

- Si un joueur n'a plus qu'une carte en main, et que la défausse ne contient qu'une seule carte, il ne peut pas la prendre.

• Pose de combinaisons :

Dans les deux cas (choix de la pioche ou de la défausse), le joueur peut alors poser ou non des combinaisons. Le joueur qui a ramassé la défausse (et donc déjà complété ou posé une combinaison) peut très bien compléter ou poser d'autres combinaisons.

• Défausse :

Le joueur finit son tour en rejetant une carte de sa main, face visible, sur la pile de défausse.

Fin du coup :

Le coup s'arrête quand un joueur «sort» : c'est-à-dire qu'il pose ou défausse sa ou ses dernières cartes en main.

➢ **Attention** : il doit avoir ainsi au moins deux «Canastas» posées.

Chaque joueur marque alors ses combinaisons posées.

• **Combinaisons** :

- Une Canasta quelconque vaut 300.

- Une Canasta pure, c'est-à-dire sans Jokers ni 2, vaut 500.

- Pour les autres combinaisons, on additionne simplement la valeur de leurs cartes. Une combinaison de 2 Jokers et quatre 7 vaut ainsi 100 (2 x 50) et 20 (4 x 5), soit 120.

Joker	50
As ou 2	20
Du 8 au Roi	10
Du 4 au 7	5
3 rouge	100
3 noir	0

• **Bonus** :

- 100 points pour le joueur qui est «sorti».

- 200 points si le joueur est «sorti» par «surprise», c'est-à-dire en posant une Canasta cachée.

- 100 points par 3 rouge.

- 800 points pour les quatre 3 rouges.

• **Pénalités** :

- 500 points à déduire par 3 rouge en main

- Le joueur qui n'est pas «sorti» déduit de son score la valeur de toutes les cartes qui lui restent en main.

Victoire :

Le premier joueur qui atteint 5000 points gagne la partie.

VARIANTE

Pour équilibrer le jeu, on fixe souvent à la Canasta des obligations d'ouverture qui évoluent au fil de la partie.

C'est-à-dire la valeur minimale que doit avoir dans un coup la première combinaison d'un joueur (et seulement la première, son «ouverture») pour qu'il ait le droit de la poser. Cette valeur dépend du score global du joueur au début du coup.

Score global	Ouverture
0 à 1500	50
1501 à 3000	90
plus de 3000	120

Ainsi, un joueur qui a un score de 1700 points ne peut pas poser une première combinaison de quatre 7 et un Joker, qui vaut seulement 70 points. Il doit attendre, pour poser, d'avoir une combinaison d'au moins 90 points, par exemple, deux As et un Joker.

LES PLUS PETITES OUVERTURES SUFFISANTES

• En dessous de 1501 :

5 5 50 60 pts

• Entre 1501 et 3000 :

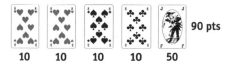

10 10 10 10 50 90 pts

• Plus de 3000 :

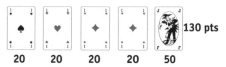

20 20 20 20 50 130 pts

CARTAWEL (LE)

Matériel : 1 jeu de 52 cartes
Difficulté : 2
Chance : 4
Réflexion : 2
Principe de jeu : ramasser des cartes en les «semant». C'est l'adaptation avec des cartes d'un jeu de pions africain, l'Awele, une idée originale lancée par Michel Brassinne
Ordre des cartes : classique

Préparation :

Chaque joueur prend une couleur complète, l'un une rouge, l'autre une noire (Carreau et Trèfle par exemple). Puis chacun pose à tour de rôle une carte sur un des douze emplacements circulaires d'une horloge fictive, à son choix. Quand tous les emplacements sont pris, chaque joueur continue à poser une carte à son tour, sur l'emplacement de son choix, du moment qu'aucun tas n'excède 3 cartes. On tire alors au sort le joueur qui va jouer en premier.

Tour de jeu :

Le joueur choisit un emplacement dans lequel il y a au moins une carte de sa couleur. Puis il sème les cartes de cet emplacement, une par une, sur les emplacements suivants, dans le sens des aiguilles d'une montre.

Il regarde alors l'emplacement sur lequel s'est posée la dernière carte de son semis :

- Si cet emplacement contient 2 ou 3 cartes, et si la plus forte carte est de sa couleur, le joueur ramasse toutes les cartes de l'emplacement. Il regarde alors de la même façon le précédent emplacement sur lequel il a semé, et le ramasse sous les mêmes conditions. Et ainsi de suite jusqu'au point de départ de son semis. Note : à égalité de force, le joueur ne ramasse pas.

- Dès qu'un joueur ne peut ramasser les cartes d'un emplacement, son tour est fini.

Fin du coup :

Un coup s'arrête quand les deux joueurs ne peuvent plus choisir d'emplacement ni ramasser de cartes. Chaque joueur marque alors les points des cartes qu'il a ramassées. Les figures et les As valent 20, les cartes chiffrées valent leur valeur.

Victoire :
On joue en plusieurs coups, dont on totalise les points. On peut fixer la victoire à 300 points pour une partie courte.

Exemple :
Le joueur «Trèfle» joue. Il choisit le tas contenant le 7 de Trèfle, le 6 de Carreau, et le 9 de Trèfle (emplacement à «1 heure»). Il sème le 7 de Trèfle sur l'As de Carreau, le 6 de Carreau sur le Roi de Cœur, le 9 de Trèfle sur le 2 et le 7 de Carreau. Il peut ramasser ce dernier emplacement de son semis : le tas contient 3 cartes, et la sienne est la plus forte. Mais son tour s'arrête là : il ne peut ramasser le tas précédent, qui contient certes deux cartes, mais dont le Roi de Carreau, de la couleur de son adversaire, est le plus fort !

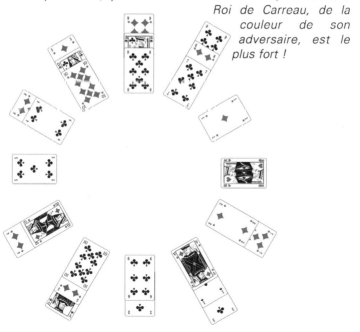

Colonel (le)

Matériel : 1 jeu de 52 cartes
Difficulté : 1
Chance : 4
Réflexion : 2
Principe de jeu : abattre des combinaisons pour marquer des points
Ordre des cartes : classique

Préparation :

Le donneur distribue deux par deux dix cartes à chaque joueur. Le reste des cartes constitue la pioche, faces cachées.
Le donneur retourne deux cartes qu'il place, faces visibles, l'une à côté de l'autre à côté de la pioche : la plus proche de la pioche est appelée le «Colonel», l'autre est la défausse.

Tour de jeu :

L'adversaire du donneur commence.
Le joueur prend d'abord une carte : à son choix celle de la pioche, le Colonel, soit celle de la défausse. Il peut ensuite poser une ou plusieurs combinaisons, visibles, devant lui. Les combinaisons possibles sont des brelans, des carrés ou des suites. Une combinaison posée est «fermée», on ne peut pas la modifier ni rien y ajouter par la suite.

Le joueur rejette ensuite une carte, face visible : à l'emplacement du Colonel s'il a pris le Colonel, sur la défausse sinon. Son tour est fini.

➢ **Attention :** un joueur qui prend le Colonel s'engage à poser aussitôt une combinaison incluant le Colonel.

Fin du coup :

Le coup s'arrête dans deux cas : quand un joueur a posé toutes ses cartes ou quand la pioche est épuisée. Le décompte des points est alors très différent.

- Quand un joueur a posé toutes ses cartes, chaque joueur compte les points de ses combinaisons posées en additionnant la valeur de leurs cartes ; les figures et l'As valent 10, les autres cartes valent leur valeur chiffrée ; le joueur qui a mis fin au coup s'ajoute un bonus de 10 points, et encore 10 points de plus s'il a fini en prenant le Colonel. Le joueur avec le plus haut total ajoute alors ces points à son score global, l'autre ne marque rien.

Exemple :

Le joueur A vient de poser ses dernières cartes. Il a un Brelan de Rois (30), un Brelan de 2 (6), et une Suite du 4 au 7 (22), plus un bonus de 10 pour avoir fini (mais pas avec le Colonel) : total 68 points. Son adversaire B a posé un Carré de 9 (36) et un Brelan de Valets (30) : total 66 points. A a plus de points que B : il marque ses 68 points, B ne marque rien.

- Dans le second cas (épuisement de la pioche), les joueurs totalisent uniquement les cartes qu'ils ont en main. Le joueur avec le plus haut total le soustrait alors de son score global, l'autre ne s'enlève rien.

Exemple :

La pioche est épuisée. Le joueur

A a encore en main un Roi, un 10, et deux 7 : total 34. Son adversaire B a encore en main deux 5 et un As : total 20. A a le plus haut total : il soustrait ces 34 points de son score global, B ne s'enlève rien.

➤ **Attention :** en cas d'égalité dans l'un ou l'autre des deux cas, les deux joueurs ne marquent ni ne s'enlèvent rien ; le coup est nul !

Victoire :

On joue en plusieurs coups, jusqu'à ce qu'un joueur atteigne un score global de 200 points : il a gagné !
On peut aussi choisir de jouer en 500 points : la partie est plus tactique et ne dépend plus d'un seul coup chanceux. Il est alors prudent de fixer aussi un nombre limite de coups (20 par exemple), car il arrive que de multiples soustractions de points fassent trop durer la partie. Au bout de ces 20 coups, si personne n'a encore atteint 500, le joueur avec le plus haut total gagne.

COMÈTE (LA)

Matériel : 2 jeux de 52 cartes
Difficulté : 1
Chance : 3
Réflexion : 2
Principe de jeu : poser des cartes successives pour vider sa main
Ordre des cartes : classique

Préparation :

On enlève les As des deux jeux, et on forme un jeu avec les cartes rouges, un autre avec les cartes noires. Puis on transfère un 9 noir du jeu noir dans le jeu rouge, et un 9 rouge du jeu rouge dans le jeu noir : c'est la Comète ! La Comète peut prendre la place de n'importe quelle carte quand on la joue. La partie se déroulant en plusieurs manches, on jouera une fois avec un jeu, une fois avec l'autre. Le donneur distribue, 3 par 3, 18 cartes à chacun. Les cartes restantes ne servent pas.

Tour de jeu :

Le non-donneur commence. Il joue des cartes en ordre ascendant jusqu'à ce qu'il doive s'arrêter : parce qu'il n'a plus de carte qui suive, ou parce qu'il a posé un Roi ou la Comète. C'est au tour de son adversaire, qui reprend la suite de cartes à la hauteur où elle s'est arrêtée, ou à n'importe quelle hauteur si l'arrêt s'est fait au Roi.

Exemple :

A joue 3,4,5,6. B joue 7,8,9. A joue 10. B joue Valet. A joue Dame, Roi. B reprend alors une nouvelle série : 8,9,10. Etc.

➤ **Attention :** quand un joueur a quatre cartes semblables, il peut les poser d'un seul coup dans la Suite. Par exemple : 3, 4, Carré de 5, 6.

Fin du coup et victoire :

Le coup se finit dès qu'un joueur s'est débarrassé de toutes ses cartes. Il marque le total des valeurs de cartes que son adversaire a encore en main. Les figures valent 10, les autres cartes leur valeur chiffrée. Ce score est doublé si le joueur a fini en posant la Comète comme dernière carte, ou si la Comète est dans la main de son adversaire. Le score est quadruplé si le joueur a fini avec la Comète en la jouant en tant que «9» !

CONCENTRATION (LA)

Matériel : 1 jeu de 32 ou de 52 cartes
Difficulté : 1
Chance : 2
Réflexion : 3
Principe de jeu : mémoriser la position des cartes pour les ramasser
Ordre des cartes : sans importance

Préparation :

On bat les cartes, puis on les dispose, faces cachées, les unes à côté des autres sur la table. Avec 32 cartes (jeu facile), on forme un rectangle de 6 cartes sur 5, plus deux cartes juste à côté. Avec 52 cartes (jeu difficile), on forme un Carré de 7 cartes sur 7, plus trois cartes juste à côté. Ce sont des suggestions : toutes les dispositions sont possibles selon la forme de la table !

Tour de jeu :

A son tour, le joueur retourne deux cartes de son choix. Si elles sont de même hauteur (deux Dames, deux 8...), il les ramasse, et il peut en retourner deux autres. Sinon, il les laisse quelques secondes visibles, pour que son adversaire aussi essaie de les mémoriser, puis il les retourne à nouveau, faces cachées, à la même place.

Fin du coup :

On joue jusqu'à ce que toutes les cartes aient été ramassées.

Victoire :

Le gagnant est le joueur qui a ramassé le plus de Paires.

CRAPETTE (LA)

Matériel : 2 jeux de 52 cartes
Difficulté : 4
Chance : 3
Réflexion : 4
Principe de jeu : la Crapette est une sorte de réussite à deux joueurs. Le but de chacun est de se débarrasser de ses cartes en complétant des Séries communes aux deux joueurs
Ordre des cartes : classique

Préparation :

Chaque joueur prend un jeu de 52 cartes, le mélange et le fait couper par son adversaire. Chaque joueur tire alors les quatre premières cartes de son paquet et forme avec elles une colonne à sa gauche (colonnes «séries»). Notez que les deux colonnes doivent être suffisamment écartées pour laisser de la place à la pose future des As. Puis chacun prend les 11 cartes suivantes de son paquet et les pose en pile, faces cachées, devant lui, à sa droite : elles forment sa Crapette. Il en retourne aussitôt, face visible, la carte supérieure.

Il reste à chacun 37 cartes. Chaque joueur pose ce paquet devant lui, à la gauche de sa Crapette, en laissant un espace suffisant pour sa future pile de défausse, appelée «pot».

Principe de base :

Chaque joueur, à son tour, essaie de poser des cartes de son talon, de son pot et de sa Crapette. Quand il n'a plus de possibilités de le faire, c'est au tour de son adversaire. Et ainsi de suite jusqu'à ce qu'un des deux joueurs n'ait plus aucune carte devant lui, c'est-à-dire ni dans son talon, ni dans son pot, ni dans sa Crapette. Ce joueur a gagné.
Le joueur peut poser ses cartes sur les colonnes Séries, sur les emplacements des As, et sur le pot ou la Crapette de son adversaire. Dans son jeu, il peut utiliser les cartes supérieures, visibles, de son talon, de son pot et de sa Crapette.

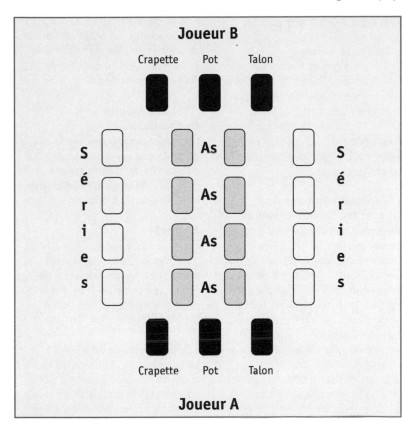

Tour de jeu :

Au début de son tour, le joueur retourne, visible, la première carte de son talon.

Puis il essaie de poser et d'agencer des cartes.

A chaque fois qu'il pose une carte de son talon ou de sa Crapette, il retourne la suivante, qui devient disponible. Pour le pot, une carte posée «libère» celle qui était en dessous. A la fin de son tour (quand il ne peut plus rien faire), le joueur prend la carte supérieure de son talon et la place, toujours face visible, sur son pot.

Obligations de pose :

• **Colonnes Séries :**
Les Suites qui se forment à partir des colonnes Séries doivent être des Suites descendantes et dont la couleur des cartes alterne.

Exemple :
Valet noir, 10 rouge, 9 noir, 8 rouge, etc.

• **Emplacements des As :**
Tout As tiré ou visible doit être aussitôt posé sur un des emplacements As.
Comme il y a deux As de chaque famille dans le jeu, il y a deux emplacements As pour chaque famille. Une Suite qui se forme à partir d'un emplacement As doit être constituée de cartes de la famille de l'As sur lequel elles se posent. Une des Suites sera montante, l'autre descendante. Il faut qu'un As soit posé pour qu'on puisse commencer à compléter la Suite. Le joueur qui entame la première de ces Suites décide librement si elle sera montante ou descendante. L'autre Suite sera donc obligatoirement de l'autre type !

Exemple :
Le joueur pose l'As de Trèfle, puis ajoute le Roi de Trèfle et la Dame de Trèfle, créant une Suite descendante. La Suite de l'autre emplacement As de Trèfle sera obligatoirement montante (2 de Trèfle, 3 de Trèfle, etc.).

• **Pot et Crapette de l'adversaire :**
Le joueur peut poser sur le pot ou la Crapette de son adversaire des cartes de même famille et dont la valeur est immédiatement inférieure ou supérieure.

Exemple :
Le joueur B a sur sa Crapette un 8 de Pique. Le joueur A peut poser dessus un 7 ou un 9 de Pique. S'il pose un 9 de Pique, il peut alors poser dessus un 8 ou un 10 de Pique.

• **Déplacements de cartes :**
Le grand art de la Crapette est aussi de savoir préparer la pose de ses cartes en déplaçant des cartes entre les divers emplacements pour préparer le terrain, se faire de la place, etc.
Pour ce faire, le joueur doit :
- prendre uniquement des cartes «libres», c'est-à-dire placées en fin de suite ;
- toujours déplacer une seule carte à la fois ;
- respecter les obligations de pose.

Victoire :

Le coup s'arrête quand un joueur n'a plus aucune carte ni dans son talon, ni dans son pot, ni dans sa Crapette. Il est vainqueur. Si on veut un score, on compte le nombre de cartes qui restent dans les trois paquets de l'adversaire.

Il peut arriver qu'une partie de Crapette se bloque. C'est-à-dire qu'aucun des deux joueurs ne peut plus jouer, ni donc se débarrasser de toutes ses cartes. On arrête la partie, et on compte le nombre total de cartes des trois paquets de chacun. Le joueur qui en a le moins a gagné !

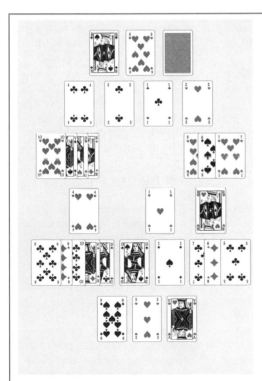

Une partie de Crapette en cours :

Le joueur du bas peut (entre autres) :
- poser le 3 de Cœur de son pot sur le 4 de Trèfle de la colonne de gauche ;
- poser le 9 de Pique de son talon sur le 10 de Cœur de la colonne de gauche ;
- déplacer le Roi de Cœur de la colonne de droite sur l'emplacement de l'As de Cœur ;
- déplacer le 7 de Cœur de la colonne de droite sur le 8 de Cœur du pot de son adversaire…
Etc., etc. !
Les possibilités offertes par la Crapette sont immenses !

CRIBBAGE (LE)

Matériel : 1 jeu de 52 cartes
Difficulté : 3
Chance : 5
Réflexion : 3
Principe de jeu : les joueurs forment des combinaisons sur la table pour marquer au fur et à mesure des points
Ordre des cartes : classique

Préparation :

Le donneur distribue 5 cartes à chaque joueur. Chaque joueur regarde son jeu et en rejette, faces cachées, deux cartes. On met ces 4 cartes de côté, elles constituent le «crib», qui servira en fin de coup.

Le donneur retourne alors la pre-mière des cartes restantes du paquet et la pose, face visible, au centre de la table : cette carte est appelée le «départ».

➢ **Attention :** elle participe au jeu comme une carte jouée.

Tour de jeu :

C'est le non-donneur qui com-mence à jouer.

Le joueur pose sur la table une de ses cartes, dont il annonce à haute voix la valeur. L'As vaut 1, les figures valent 10, les autres cartes valent leur valeur chiffrée. L'autre joueur joue à son tour une de ses cartes, et ainsi de suite jusqu'à ce que les deux joueurs n'aient plus de cartes en main, ou jusqu'à ce que le total des cartes posées atteigne ou dépasse 31.

➢ **Attention :** on pose les cartes qu'on joue devant soi pour per-mettre le décompte des points en fin de partie.

Les points :

• **Bonus de départ :**
Le non-donneur marque toujours 3 points de compensation du désavantage de devoir jouer le premier. Le donneur marque 2 points si la carte «départ» est un Valet.

• **Pendant le coup :**
Le joueur marque des points à chaque fois qu'il joue une carte qui entre en combinaison avec

les cartes déjà jouées sur la table. Il doit annoncer la ou les combinaisons réalisées, et il marque aussitôt les points.

- Suite de 3 cartes : 1 point.
Exemple : avec un 8 et un 9 déjà sur la table, le joueur joue un 7 ou un 10.

- Prolongation de Suite : 1 point.
Exemple : avec une Suite 4,5,6 déjà sur la table, le joueur joue un 3 ou un 7.

- Paire : 2 points.
Exemple : avec un Roi déjà sur la table, le joueur joue un autre Roi.

- Brelan : 3 points.
Exemple : avec deux Valets déjà sur la table, le joueur joue un troisième Valet.

- Carré : 12 points.
Exemple : avec trois 5 déjà sur la table, le joueur joue un quatrième 5.

- Quinze : 2 points.
Exemple : avec un Valet (valeur 10) déjà sur la table, le joueur joue un 5 (valeur 5). Le total des cartes est de 15, le joueur marque un Quinze.

➤ **Attention** : on peut marquer plusieurs combinaisons à la fois.
Exemple : avec deux 9 déjà sur la table, le joueur joue un 6. Il réalise deux totaux de 15, il marque donc d'un coup deux Quinze. Ou, avec un Roi et un 5 sur la table, le joueur joue un 5. Il marque un Quinze (le Roi + son 5) et en même temps une Paire (les deux 5).

LA RÈGLE DU 31

Le coup peut s'arrêter avant que les deux joueurs aient joué toutes leurs cartes, si le total des cartes jouées sur la table atteint ou dépasse 31.

Si un joueur joue une carte et atteint ainsi exactement 31, il marque 4 points (plus d'éventuelles combinaisons simultanées), et le coup s'arrête.

Si un joueur ne peut jouer aucune de ses cartes sans dépasser 31, il ne joue pas et annonce «go !». Son adversaire gagne alors le droit de poser autant de cartes qu'il est nécessaire pour approcher, atteindre, ou dépasser 31 (il marque éventuellement des combinaisons au fur et à mesure). Finalement, s'il obtient exactement 31, il marque 2 points. S'il obtient moins ou plus de 31, il marque 1 point. Le coup s'arrête.

Cribbage (le)

• En fin de coup :

Chaque joueur marque des points supplémentaires en combinant les cartes de sa main (même celles qu'il a jouées) avec la carte «départ». Le donneur a l'avantage, pour ce compte, d'ajouter à sa main les quatre cartes du «crib» !

On applique exactement le barème des points précédents, sans compter toutefois de «prolongations de suite» ni de «31».

Exemple : *le joueur a en main un 7, un 6, un 9, et la carte «départ» est un 8. Il marque deux Suites (6,7,8 et 7,8,9) et deux Quinze (8+7 et 6+9).*

Victoire :

On joue plusieurs coups, en utilisant toujours le même paquet, jusqu'à ce qu'un joueur atteigne ou dépasse 61 points. Il gagne aussitôt la partie, même en cours de coup !

CUBANA (LA)

Matériel : 1 jeu de 52 cartes, des jetons
Difficulté : 1
Chance : 5
Réflexion : 1
Principe de jeu : se rapprocher de 9 points pour remporter la mise
Ordre des cartes : sans importance

> Pour de jeunes enfants, ce jeu très simple est un amusant exercice de révision des additions.
> Pour des adultes, c'est un jeu d'argent redoutable et rapide.

Préparation :
On donne un certain nombre de jetons à chaque joueur (80 par exemple), et on convient d'une mise maximale (5).
On enlève les 8, 9, et 10 du jeu, ils ne serviront pas.

Tour de jeu :
D'un coup à l'autre, le donneur alterne. Il distribue à chaque joueur une carte, face cachée. Chacun regarde sa carte. Puis le donneur mise, entre 1 et 5 jetons. Le non-donneur annonce «d'accord», et il mise autant de jetons ; ou «jamais», et il ne mise rien mais donne 1 jeton au don-neur. Les jetons misés restent, quoi qu'il en soit, misés.
Puis le donneur donne une deuxième carte à chacun, et on recommence mises et annonces. Si le non-donneur refuse de miser, il donne cette fois 2 jetons. Le donneur distribue encore une troisième carte, de la même façon. Le refus de miser coûte cette fois 3 jetons.

Fin du coup et victoire :
Les deux joueurs abattent leur jeu, et totalisent les valeurs de leurs cartes. Les figures valent 0, les As, 1, les autres cartes, leur valeur chiffrée. Si le total est un nombre à deux chiffres, on les additionne pour avoir le score définitif (13 devient 4, 17 devient 8…).
Le joueur dont le total est 9, ou le plus proche de 9, ramasse toutes les mises. En cas d'égali-té, le donneur ramasse.

Ecarté (l')

Matériel : 1 jeu de 32 cartes
Difficulté : 2
Chance : 3
Réflexion : 4
Principe de jeu : savoir écarter des cartes pour améliorer son jeu, puis faire des plis et marquer des points
Ordre des cartes : croissant : 7, 8, 9, 10, As, Valet, Dame, Roi

Préparation :

Le donneur distribue 5 cartes à chaque joueur, d'abord 2, puis 2, puis 1. Il retourne la carte suivante (la onzième), et la pose face visible sur la table : elle désigne l'atout. Si cette carte est un Roi, le donneur marque aussitôt 1 point.

Les écarts :

Les joueurs regardent leur jeu. Le non-donneur annonce alors en premier *«je joue»* ou *«j'écarte»*. Dans le premier cas, il ne veut rien changer à son jeu et joue tout de suite.
Dans le second cas, il veut *«écarter»* des cartes de son jeu et les échanger avec des cartes du talon.
Le donneur lui répond alors *«je refuse»* ou *«combien ?»*. S'il refuse, personne ne fait d'écart, on joue tout de suite. S'il demande *«combien ?»*, il accepte, et donne à l'autre joueur autant de cartes qu'il veut en écarter (de 1 à 5).

➤ **Attention :** le joueur écarte d'abord ses cartes avant de prendre celles qu'on lui donne en échange !

C'est maintenant au donneur de dire *«je joue»* ou *«j'écarte»*, et au non-donneur de lui répondre *«je refuse»* ou *«combien ?»*. Et ainsi de suite… Bref, tant que les deux joueurs ne disent pas l'un après l'autre *«je joue»* ou que l'un d'entre eux ne *«refuse»* pas, les joueurs peuvent à tour de rôle écarter des cartes de leur main pour les échanger avec celles du talon.
S'il arrive que le talon s'épuise, on retourne la pile des cartes écartées pour former un nouveau talon. Mais les joueurs n'ont alors plus la possibilité que d'un écart chacun : après, ils sont obligés de jouer.

Tour de jeu :

Le non-donneur commence et joue une carte de sa main. Son adversaire doit, s'il le peut, jouer une carte de même couleur, et même de valeur supérieure si possible.

S'il n'a pas de cette couleur, il est obligé de couper.

S'il n'a pas non plus d'atout, il peut jouer n'importe quelle carte. Selon la règle habituelle, le joueur qui a joué la plus haute carte dans la couleur demandée, ou celui qui a coupé, remporte le pli. C'est lui qui entame le pli suivant.

Les points :

- Roi retourné en onzième carte : 1 point pour le donneur.

- Roi d'atout en main : 1 point. Le joueur doit montrer ce Roi dès qu'il l'a et il marque.

- Trois ou quatre plis : 1 point.

- La Volte (tous les plis, c'est-à-dire 5) : 2 points.

- Refus : 1 point.
Si un joueur, dont l'adversaire a auparavant refusé l'écart, arrive à faire au moins trois plis, il ajoute à son score ce bonus de 1 point.

Fin du coup et victoire :

Le coup se termine une fois les cinq plis joués. Le premier joueur qui, en un ou plusieurs coups, atteint un total de 5 points, est le vainqueur. On peut aussi décider de jouer en 7 points.

VARIANTES

L'ÉCARTÉ À LA «RETOURNÉE» : **la première re carte retournée en début de partie pour désigner l'atout fixe aussi le nombre de points à atteindre pour gagner. 11 points si c'est un As, 10 points si c'est une figure, et leur valeur pour les autres cartes.**

L'ÉCARTÉ «ENRICHI» : **aux Etats-Unis, on joue une variante de l'Ecarté qui réduit un peu la part du hasard. On distribue 8 cartes (au lieu de 5) à chaque joueur. Lors de l'écart, on ne peut jamais changer plus de 4 cartes (il faut donc 2 tours d'annonce pour renouveler entièrement son jeu). Le joueur qui fait 5 ou 6 plis marque 1 point ; 7 plis, il marque 2 points ; 8 plis (la Volte), il marque 5 points.**

Euchre (L')

Matériel : 1 jeu de 32 cartes
Difficulté : 3
Chance : 3
Réflexion : 3
Principe de jeu : évaluer son jeu et faire des plis selon un système proche de celui de la Belote
Ordre des cartes : classique, sauf à l'atout

Préparation :

On enlève du jeu les 8 et les 9, qui ne servent pas.

Le donneur distribue 5 cartes à chaque joueur, et retourne la première carte du talon, qui désigne le premier atout proposé.

Les joueurs regardent leur jeu. Le non-donneur peut «prendre» ou «passer». S'il prend, c'est qu'il accepte l'atout proposé, et on commence à jouer. S'il passe, c'est au donneur de parler, qui peut prendre ou passer de la même façon.

Si le donneur passe aussi, le non-donneur choisit alors une couleur d'atout qui lui convient, ou passe à nouveau. Dans ce cas, c'est au donneur de choisir ou de passer. Si les deux joueurs passent à nouveau, le coup est annulé, et on fait une nouvelle distribution en changeant de donneur.

L'atout :

L'ordre des cartes de l'atout est très particulier. Dans l'ordre croissant : 9,10, Dame, Roi, As, «Valet frère», Valet. Le «Valet frère» est le Valet de l'autre famille de même couleur (rouge ou noire) que l'atout, qui devient un atout lui aussi.

Exemple :

Si l'atout est Trèfle, le Valet «frère» est le Valet de Pique, de l'autre famille noire. Ou, si l'atout est Cœur, on obtient : 9 de Cœur, 10 de Cœur, Dame de Cœur, Roi de Cœur, As de Cœur, Valet de Carreau, Valet de Cœur.

Tour de jeu :

Le joueur qui a «pris» commence. Il joue une carte. L'adversaire doit fournir la couleur demandée ou, à défaut, couper avec une carte d'atout. S'il n'a pas d'atout, il peut se défausser de n'importe quelle carte. Le joueur qui a joué la carte la plus forte de la couleur demandée, ou qui a coupé, remporte le pli, et entame le pli suivant.

Fin du coup et victoire :

A la fin des cinq levées, on compte les points de chacun.
- Trois ou quatre plis : 1 point.
- Cinq plis : 2 points.
- Si le joueur qui a «pris» fait moins de 3 plis, il est «euchre» : il ne marque rien et donne 2 points à son adversaire.
On joue plusieurs coups jusqu'à ce qu'un joueur totalise 10 points, il est vainqueur !

ATTENTION

Lors des premières parties, l'ordre des cartes et le «Valet frère» provoquent assez souvent des erreurs de jeu. Au début, mieux vaut donc garder les plis visibles et les vérifier en fin de coup. En cas d'erreur, le fautif donne 2 points à son adversaire et ne marque rien.

VARIANTES

L'EUCHRE «VOLANT» :

Au début du coup, si les deux joueurs refusent l'atout proposé, on retourne la carte suivante du talon. C'est le nouvel atout proposé, que les joueurs peuvent prendre ou refuser. On retourne ainsi des cartes jusqu'à ce qu'un des deux joueurs prenne.

➤ **Attention : si personne n'a pris au bout de 5 cartes, le coup est annulé.**

L'EUCHRE «MISÉ» :

On utilise la règle de l'Euchre «volant». Mais, quand un joueur prend, il annonce «0», «1», ou «2». C'est sa mise : si le joueur fait trois plis au moins, elle s'ajoutera à ses points. Par contre, s'il fait moins de 3 plis, il donnera cette même mise à son adversaire. La partie se joue en 15 points gagnants.

Exemple :

Le joueur A prend et annonce «2». S'il fait 3 ou 4 plis, il marque 3 points (1+2), s'il fait 5 plis, il marque 4 points (2+2), s'il fait moins de 3 plis, il donne 4 points (2+2) à son adversaire.

GIN RUMMY

Matériel : 1 jeu de 52 cartes
Difficulté : 3
Chance : 4
Réflexion : 2
Principe de jeu : être le premier à combiner son jeu en formant des Séries. C'est une variante américaine du Rami, plus rapide et plus «explosive» !
Ordre des cartes : classique, mais l'As est la plus faible carte

Préparation :

Le donneur distribue 10 cartes à chaque joueur. Le reste forme la pioche, dont la première carte est retournée pour amorcer la pile de défausse.

Tour de jeu :

Le non-donneur commence.
A son tour, chaque joueur prend soit la carte supérieure (non visible) de la pioche, soit la carte supérieure (visible) de la défausse. Le joueur rejette ensuite une carte, visible, sur la défausse. C'est au tour de son adversaire.

Fin du coup :

Le coup s'arrête quand un joueur peut poser toutes ses cartes en les agençant en combinaisons. Les combinaisons possibles sont des Brelans (3 cartes semblables), des Carrés (4 cartes semblables) ou des Suites-couleur (trois cartes au minimum qui se suivent dans la même famille).
Le joueur pose après avoir pris une carte dans la pioche ou la défausse. Après avoir posé, il rejette une carte à la défausse.

> Il n'est pas obligatoire que toutes ses cartes participent à des combinaisons : certaines peuvent être «isolées» mais le total de leurs valeurs ne doit pas excéder 10 points (l'As vaut 1, les figures valent 10, les autres cartes valent leur valeur).

Exemple :

Le joueur a en main 5,6,7 de Trèfle, deux Valets, 8,9,10 de Carreau, un As et un 10 de Pique. Il prend le Valet de Trèfle visible sur la défausse. Il pose alors : une Suite 5,6,7 de Trèfle ; un

Brelan de Valets ; une Suite
8,9,10 de Carreau. Il se défausse
du 10 de Pique. Il lui reste l'As en
main, carte «isolée», qui ne vaut
qu'1 (donc moins de 10).

Un joueur qui pose son jeu sans carte isolée fait «Gin».

Les points :

Le joueur qui a posé compte ses
points : il additionne les valeurs
des cartes de ses combinaisons,
dont il soustrait les valeurs de
ses cartes «isolées».
Son adversaire étale les combinaisons qu'il a en main. Puis il
peut se débarrasser de certaines
de ses cartes en complétant les
combinaisons du joueur qui a
posé (ajouter par exemple un
Valet à son Brelan de Valets, ou
un 4 à sa Suite 5,6,7). Enfin, il
compte ses points en additionnant les cartes de ses combinaisons et en déduisant les «isolées».

On compare alors les scores des
deux joueurs :
- Si le joueur qui a posé a autant
ou plus de points que son adversaire, il marque la différence de
points entre eux plus un bonus
de 25 points.

Exemple :
*Le joueur A a posé et a un total
de 64 points. Son adversaire n'a
que 48 points. A marque 64-48,
soit 16, et 25 de bonus. Donc, 41
points.*

- Si c'est le joueur qui n'a pas
posé qui a le plus de points, il
marque juste la différence, sans
bonus.
Exemple :
*Le joueur A a posé et a un total
de 42 points. B a 55 points. B
marque 55-42, soit 13 points.*

Le joueur qui pose en faisant «Gin» marque 25 points supplémentaires.

Victoire :

On fixe un total à atteindre
(300 points par exemple) ou on
joue par manches.
Un joueur remporte une manche
quand il atteint le premier 100
points (si les deux joueurs fran-
chissent ensemble les 100
points, c'est le plus haut qui remporte la manche).
Le premier joueur qui remporte
deux manches a gagné.

VARIANTES

Le «vrai» Gin Rummy ne se joue réellement qu'en appliquant la «Marque d'Hollywood» !

Cette façon originale et un peu complexe de comptabiliser les points, seule capable de réveiller les sens fatigués des stars, est très explosive…

On utilise un tableau à 3 colonnes par joueur. Le nombre de lignes est variable, il dépend du nombre de coups qu'il faudra jouer…

Le calcul des points ne change pas par rapport à la règle normale.

Mais on inscrit les points de chaque coup strictement selon l'agencement suivant :

Joueur A	Joueur B	Joueur A	Joueur B	Joueur A	Joueur B
Pts du coup 1	Pts du coup 1	Pts du coup 2	Pts du coup 1	Pts du coup 3	Pts du coup 1
Pts du coup 2	Pts du coup 2	Pts du coup 3	Pts du coup 2	Pts du coup 4	Pts du coup 2
Pts du coup 3	Pts du coup 3	Pts du coup 4	Pts du coup 3	Pts du coup 5	Pts du coup 3
Pts du coup 4	Pts du coup 4	Pts du coup 5	Pts du coup 4	Pts du coup 6	Pts du coup 4
etc.	etc.	etc.	etc.	etc.	etc.
TOTAL	TOTAL	TOTAL	TOTAL	TOTAL	TOTAL

Notez que les points marqués par un joueur dans un coup sont inscrits à chaque fois dans plusieurs cases.

Dès qu'un joueur atteint ou dépasse 100 points dans une de ses trois colonnes, sa colonne est «fermée» (elle ne sert plus) ainsi que la colonne voisine de son adversaire. On inscrit au bas de chacune des deux colonnes son total. Le joueur qui a provoqué la «fermeture» ajoute un bonus de 30 points.

Si le total de son adversaire dans la colonne voisine est nul (0), il double ses points !

La partie s'arrête dès que toutes les colonnes sont fermées. Chaque joueur additionne les totaux de ses trois colonnes, la différence est le score du vainqueur… en dollars ?

EXEMPLE :

Coup	A	B
1	0	55
2	43	0
3	31	0
4	0	27
5	49	0

Joueur A	Joueur B	Joueur A	Joueur B	Joueur A	Joueur B
0	55	43	0	31	0
43	0	31	0	0	27
31	0	0	27	49	0
0	27	49	0	etc.	etc.
74	82	123	27	TOTAL	TOTAL

57

Hoc (LE)

Matériel : 1 jeu de 52 cartes, des jetons
Difficulté : 4
Chance : 3
Réflexion : 3
Principe de jeu : se débarrasser le premier de toutes ses cartes en bloquant son adversaire
Ordre des cartes : classique

Préparation :

Le donneur distribue 15 cartes à chaque joueur. Chaque joueur mise un jeton obligatoire qui ouvre le «pot» du coup.

Tour de jeu :

Le Hoc se joue en deux phases successives, une phase de paris, puis une phase de jeu de la carte (jeu des «Hocs»).

1. Les paris :

Pour chaque type de pari (voir plus loin), chaque joueur, en commençant par le non-donneur, peut «passer» (ne rien miser) ou miser de 1 à 5 jetons. Trois cas sont alors possibles.

- Si les deux joueurs passent, personne ne montre de combinaison et chacun ajoute une mise obligatoire d'un jeton au pot.

- Si un joueur passe après que l'autre a misé, personne ne montre de combinaison et la mise reste dans le pot.

- Enfin, si un joueur a misé et que l'autre «suit» ou «égalise» (c'est-à-dire qu'il mise autant de jetons), les deux joueurs montrent simultanément leur combinaison, et celui qui a la plus forte remporte le pot. En cas d'égalité, les deux mises restent dans le pot.

➢ **Attention :** les combinaisons montrées restent étalées sur la table et ne servent plus jusqu'à la phase de jeu de la carte.

Il y a trois types de paris, successifs et distincts, qui se déroulent obligatoirement dans cet ordre :

- Le Point : c'est une combinaison de 3 cartes minimum de la même famille, dont on additionne les valeurs pour obtenir le «Point».
L'As vaut 15, les figures 10, les autres cartes leur valeur chiffrée.

Le joueur avec le plus haut Point remporte les mises.

Exemple :

A décide de montrer As, Dame, 5 et 6 de Trèfle. Son Point est de 36.

- Les Séquences : une Séquence est une Suite d'au moins 3 cartes de la même famille. La Séquence la plus longue l'emporte ou, à défaut, la séquence dont la carte supérieure est la plus haute.

- Les Tricons : ce sont en fait des Brelans ou des Carrés. Les Carrés l'emportent sur les Brelans. A égalité, la combinaison de plus forte hauteur l'emporte.

2. Le jeu des «Hocs» :

Les «Hocs» sont les quatre Rois, la Dame de Pique et le Valet de Carreau. A chaque fois qu'un joueur joue un Hoc, il reçoit aussitôt un jeton de son adversaire.

Chaque joueur ramasse maintenant les cartes qu'il a étalées et les réintègre à sa main.

Le non-donneur commence en jouant obligatoirement sa plus petite carte de n'importe quelle couleur (les couleurs ne comptent pas). Puis son adversaire joue la carte la plus immédiatement supérieure qu'il possède dans son jeu. Et ainsi de suite…

Exemple :

Un Roi de Trèfle a déjà été joué comme Hoc pour remplacer le 5. Le joueur s'apprête à jouer le Hoc Valet de Carreau en guise de 10.

Hoc (le)

Quand un joueur n'a pas la carte appropriée et ne peut pas jouer, il peut passer son tour ou jouer un Hoc s'il en a un. Le Hoc prend la valeur de la carte immédiatement supérieure à celle jouée par l'adversaire (un 10 après un 9 par exemple). Ou, si on est en fin de série (à la hauteur du Roi), la valeur d'un 2 (on entame une nouvelle série).

Quand les deux joueurs ne peuvent pas jouer, le premier joueur qui n'a pas pu jouer joue sa plus petite carte en main en la comptant comme un Hoc.

ATTENTION

Passer son tour quand on a un ou plusieurs Hoc en main est un exercice dangereux ! Car on peut faire croire que le jeu est bloqué, et dans ce cas offrir à son adversaire l'avantage de pouvoir jouer sa plus petite carte comme Hoc... Il est par contre prudent d'essayer de toujours se garder un Hoc en main, pour la fin de partie surtout. Le bon compromis est donc de décider de ne jamais passer si l'on détient plus d'un Hoc.

Fin du coup :

Le coup s'arrête dès qu'un joueur a posé sa dernière carte. Il ramasse les mises qui restent éventuellement dans le pot, et son adversaire lui paie deux jetons pour chaque carte qu'il a encore en main.

Victoire :

Le but final est de ruiner son adversaire en lui prenant tous ses jetons. On peut convenir d'une cave de 70 jetons pour une partie de bonne durée. On peut aussi jouer avec un système de «caves», en fixant la cave à 30 jetons. Un joueur n'a pas le droit de se re-caver (prendre une nouvelle cave) pour miser davantage lors de la phase des paris. Par contre, il est obligé de se re-caver si, en fin de coup, il doit payer plus de jetons qu'il ne lui en reste.

Huit (les)

Matériel : 1 jeu de 52 cartes
Difficulté : 1
Chance : 3
Réflexion : 2
Principe de jeu : se débarrasser de ses cartes en bloquant son adversaire
Ordre des cartes : classique

Préparation :

Le donneur distribue 7 cartes à chaque joueur. Le reste du paquet forme la pioche, dont le joueur retourne la première carte (la «retourne»), qui amorce le jeu.

Tour de jeu :

Le non-donneur commence.
A son tour, le joueur peut d'abord, s'il le veut, piocher une carte. Puis il doit jouer une carte sur la retourne ou sur la carte jouée précédemment par son adversaire. Sa carte doit être, soit de la même famille (Pique, Cœur, etc.), soit de la même hauteur (un 6 sur un 6...).
Si le joueur ne peut pas jouer, il doit piocher des cartes dans le talon jusqu'à ce qu'il en obtienne une jouable, qu'il joue aussitôt. Si le talon s'épuise sans que le joueur puisse jouer, il passe son tour.
Une fois que le joueur a posé une carte, ou passé son tour, c'est à son adversaire.

Cartes spéciales

Si le joueur pose un Valet ou un 2, le tour de son adversaire saute, il rejoue aussitôt.
Les 8 peuvent toujours être posés, indépendamment de la famille ou de la hauteur de la dernière carte jouée. Le joueur annonce en outre la nouvelle famille de son choix (à la rigueur la même) qu'on va jouer désormais.

Fin du coup et victoire :

Le coup s'arrête dès qu'un joueur a posé sa dernière carte. Il marque les points des cartes que son adversaire a encore en main. Les 8 valent 50 points, les 2 et les Valets 20, les As 15, les Dames et les Rois 10, les autres cartes valent leur valeur chiffrée.

IMPÉRIALE (L')

Matériel : 1 jeu de 32 cartes, 2 types de jetons
Difficulté : 2
Chance : 2
Réflexion : 3
Principe de jeu : marquer des Impériales gagnantes puis faire un maximum de plis
Ordre des cartes : croissant : 7, 8, 9, 10, As, Valet, Dame, Roi

Préparation :

Il faut deux types de jetons, ronds et Carrés par exemple. Les Ronds valent chacun 1 point, les Carrés valent chacun 6 points. Chaque joueur place à sa gauche six Ronds et six Carrés. Quand on marque 1 point, on fait passer un Rond de sa gauche à sa droite. Quand on marque 6 points, on fait passer un Carré de sa gauche à sa droite.

Le donneur distribue 12 cartes à chacun et retourne la suivante, qui désigne l'atout. Le reste des cartes est mis de côté et ne sert pas.

Tour de jeu :

Le coup se déroule en deux phases : une première phase où les joueurs annoncent et montrent leurs Impériales, une seconde où ils jouent leurs cartes pour faire des plis.

• Les Impériales :

On commence par calculer le Point. Chaque joueur additionne les cartes de la famille la plus «longue» (qui contient le plus de cartes) de son jeu. S'il a en main plusieurs familles de longueur égale, il choisit la plus forte. L'As vaut 11, les figures valent 10, les autres cartes valent leur valeur chiffrée. Le joueur qui a le Point le plus élevé marque 1 point. En cas d'égalité, c'est le non-donneur qui marque ce point.

Les joueurs annoncent ensuite la ou les Impériales qu'ils ont en main et les montrent.

- Impériale d'Atout : Roi, Dame, Valet, 10 de la famille d'Atout. Le joueur marque 2 Carrés.

- Impériale simple : Roi, Dame, Valet, 10 d'une autre famille. Le joueur marque 1 Carré.

- Impériale d'Honneurs : 4 Rois,

4 Dames, 4 Valets, 4 As, ou 4 «7». Le joueur marque 1 Carré.

- Impériale blanche : pas une seule carte au-dessus de l'As dans toutes les familles. Le joueur marque 2 Carrés.

➤ **Attention** : si un joueur est seul à avoir une Impériale (autre que la Blanche), son adversaire «démarque» (fait passer de droite à gauche) tous les Ronds qu'il avait marqués. Si un joueur a une Blanche et que son adversaire a une autre Impériale, personne ne marque, le coup est annulé.

• **Les plis :**
Le non-donneur commence. Le joueur joue une carte de son choix. Son adversaire doit jouer une carte de même couleur, sinon, couper. S'il n'a pas d'atout non plus, il peut se défausser de n'importe quelle carte. On doit systématiquement «forcer», c'est-à-dire jouer si on le peut une carte plus forte.

Le joueur qui a joué la carte la plus forte dans la couleur demandée ou qui a coupé remporte le pli. C'est lui qui rejoue.

Fin du coup :
Quand chacun a joué ses douze cartes, on compte les plis. Le joueur qui a fait plus de 6 plis marque 1 Rond par pli au-dessus de 6.

Chaque joueur marque aussi 1 Rond par Honneur (7, As, Valet, Dame, Roi) dans ses plis.

Si un joueur fait «capot», c'est-à-dire tous les plis, il double les Ronds qu'il marque, et son adversaire démarque tous ses Ronds.

> Quand un joueur a marqué 6 Ronds à sa droite, il les remplace par un Carré et remet donc les 6 Ronds à sa gauche.

Victoire :
Le premier joueur qui marque 6 Carrés gagne.
Si on veut établir un score ou se payer, il gagne autant de points que son adversaire a de Carrés à sa gauche.

63

INTERDIT (L')

Matériel : 1 jeu de 52 cartes, des jetons
Difficulté : 1
Chance : 2
Réflexion : 5
Principe de jeu : ne pas transgresser les interdits, sous peine d'être pénalisé !
Ordre des cartes : sans importance

Préparation :

Le donneur retourne les 8 premières cartes du paquet, 2 par 2, en formant ainsi 4 couples dont la seconde carte recouvre légèrement l'autre (voir exemple).

Cet agencement de cartes fixe les «Interdits» de toute la partie : des successions de hauteurs ou de couleurs de carte qui sont pénalisées. Chaque couple fixe un Interdit.

   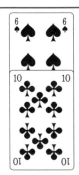

Exemple :
Ce tirage interdit :
- Premier couple : qu'un 8 soit joué après une Dame, et que du Cœur soit joué après du Pique.
- Deuxième couple : qu'un 2 soit joué après un As, et que du
Trèfle soit joué après du Pique.
- Troisième couple : qu'un 8 soit joué après un 7, et que du Pique soit joué après du Trèfle.
- Quatrième couple : qu'un 10 soit joué après un 6, et que du Trèfle soit joué après du Pique.

Tous ces Interdits sont valables simultanément. Dans notre exemple, il est donc interdit de jouer du Cœur comme du Trèfle après du Pique. Il est aussi interdit de jouer un 8 après une Dame comme après un 7.

Tour de jeu :

Le donneur distribue 6 cartes à chaque joueur. Les joueurs étalent leurs cartes devant eux pour les montrer à leur adversaire pendant une vingtaine de secondes. Puis chacun reprend son jeu.

Le donneur joue une carte de son choix. Le non-donneur peut jouer n'importe quelle carte de sa main. Il doit éviter de faire un Interdit. Si c'est le cas, le donneur annonce «Interdit !», et le non-donneur, fautif, prend un jeton de pénalité. Le donneur doit annoncer «Interdit !» pour que la pénalité soit comptée. Il peut aussi se tromper et annoncer un Interdit à tort : dans ce cas, c'est lui qui prend un jeton de pénalité.

Le joueur qui a joué en second ramasse les deux cartes et les met de côté. C'est à lui de jouer en premier et, peut-être, d'annoncer un Interdit à son adversaire.

Quand les joueurs ont épuisé leurs 6 cartes, le donneur prend la suite du talon et redistribue 6 cartes à chacun. On continue ainsi jusqu'à épuisement du talon (le dernier round se joue avec 4 cartes par joueur).

Fin du coup et victoire :
Le joueur qui a le moins de jetons à la fin du talon a gagné !

VARIANTE

L'IMPOSSIBLE :
Le principe de jeu reste le même, mais les joueurs ne se montrent plus leur jeu avant chaque round, et les Interdits sont plus complexes. On ne retourne que 3 couples au début du jeu, mais toutes les successions hauteur / couleur deviennent aussi des Interdits.
Dans notre exemple, rien qu'avec le premier couple, il est Interdit :
- qu'un 8 soit joué après une Dame ;
- qu'un 8 soit joué après du Pique ;
- que du Cœur soit joué après du Pique ;
- que du Cœur soit joué après une Dame.

INTRIGUES

Matériel : 2 jeux de 32 cartes
Difficulté : 4
Chance : 4
Réflexion : 2
Principe de jeu : marquer des points avec les cartes des plis. Un des rares jeux où la couleur d'atout change souvent
Ordre des cartes : classique, sauf en cas de Coup d'État ou de Révolution (voir plus loin)

Préparation :

On convient d'abord d'un nombre de manches à jouer, généralement 8, au bout duquel sera désigné le vainqueur.

Le donneur mélange les deux jeux de cartes. Il distribue 7 cartes à chaque joueur, puis retourne une carte qui désigne la couleur de l'atout. Le reste des cartes est placé en pile, faces cachées, sur la table et forme la pioche.

Tour de jeu :

Il s'agit d'un jeu de plis. Le non-donneur entame. Il abat une carte. Son adversaire doit fournir la couleur demandée ou, à défaut, couper ou se défausser. On n'est jamais obligé de couper. La carte la plus forte dans la couleur demandée remporte le pli, à moins qu'elle n'ait été coupée. Le joueur qui remporte le pli entame toujours le suivant.

A chaque fois qu'un joueur joue une carte, il pioche aussitôt et intègre cette carte à sa main.

Les événements :

Après avoir pioché, le joueur qui a ramassé le pli peut déclencher un «Evénement». C'est-à-dire qu'il montre une combinaison de cartes de sa main qui change les règles du jeu.

Un joueur ne peut déclencher qu'un seul Evénement à la fois. Par contre, il peut déclencher plusieurs Evénements dans l'ensemble de la partie, mais jamais en utilisant à nouveau une seule des cartes utilisée dans un Evénement précédent.

Après avoir déclenché l'Evénement, le joueur marque ses points et remet les cartes qu'il a montrées dans sa main. Le jeu continue avec la nouvelle règle.

ÉVÉNEMENTS

- La Succession : le joueur montre un Roi et une Dame de la même couleur. Il marque 20 points. L'atout devient aussitôt de la couleur de ce couple.

- Le Coup d'Etat : le joueur montre deux Valets identiques, de même couleur. Il marque 30 points. L'atout devient de la couleur des Valets, mais l'ordre des cartes est inversé. C'est-à-dire, au premier Coup d'Etat, que l'As devient le plus faible, le 7 le plus fort.

- La Révolution : le joueur montre un Carré de 7 de couleurs diverses. Il marque 50 points. Il n'y a plus d'atout. L'ordre des cartes redevient classique (As le plus fort) mais les figures (Roi, Dame, Valet) n'ont plus aucune force. C'est-à-dire qu'elles sont battues par toute autre carte chiffrée (dont l'As) de même couleur.

La Succession et le Coup d'Etat mettent fin à la Révolution. Pour les autres Evénements, on calcule le nouvel ordre de cartes à partir du précédent.

➢ Attention : si les deux joueurs jouent une figure, personne ne ramasse le pli. On le met de côté, et c'est le vainqueur du pli suivant qui le ramassera.

Fin de manche et victoire :

La manche s'arrête quand la pioche est épuisée et que les joueurs ont joué toutes leurs cartes en main. Chacun compte alors les points des plis qu'il a ramassés : l'As vaut 10, le Roi 5, la Dame 4, le Valet 3, les autres cartes 0, et les additionne à ses points d'Evénements.
A la fin des 8 manches, le joueur qui a le plus fort total global a gagné !

ATTENTION

La tentation est forte de garder ses Rois, Dames et Valets pour attendre, à la pioche, de quoi déclencher des Evénements. Mais on se prive ainsi de faire des plis et, pendant ce temps, l'adversaire finit par marquer davantage que la future Succession tant espérée !

EXEMPLE

Tout commence normalement...

Puis c'est le Coup d'Etat !

Vite suivi par une Révolution...

JASS (LE)

Matériel : 1 jeu de 52 cartes
Difficulté : 3
Chance : 3
Réflexion : 3
Principe de jeu : marquer des points en faisant simultanément des combinaisons et des plis. Un principe proche de la Belote
Ordre des cartes : classique. Sauf dans la couleur d'atout : croissant : 6, 7, 8, 10, Dame, Roi, As, 9, Valet

Préparation :

On enlève d'abord les 2, 3, 4 et 5 du jeu. Il reste 36 cartes, dont les plus petites sont les 6.
Le donneur distribue 9 cartes, trois par trois, à chacun.
Il retourne la carte suivante, qui désigne l'atout, et le reste des cartes forme la pioche.
Si un des joueurs a le 6 d'atout dans son jeu, il peut à ce moment, et pas après, l'échanger contre la carte retournée.

Tour de jeu :

Le non-donneur commence. Le jeu suit deux règles différentes selon qu'il reste ou non des cartes dans la pioche.

• Tant qu'il reste des cartes dans la pioche :

Le joueur joue une carte de son choix. Son adversaire n'est pas obligé de suivre la couleur demandée. Il peut jouer de l'atout («couper») même s'il a la couleur demandée. Le joueur qui a joué la carte la plus forte dans la couleur demandée, ou un atout, ramasse le pli. Il gagne alors le droit d'exposer une combinaison, faite avec les cartes de sa main, pour marquer des points.

Combinaisons	Points
Carré de Valets	200
Carré d'As, Rois, Dames ou 10	100
Suite de 5 cartes (même famille)	100
Suite de 4 cartes (même famille)	50
Suite de 3 cartes (même famille)	20
Roi et Reine d'atout	20

➢ **Attention :** pour les Suites, on tient compte de l'ordre classique des cartes, même si c'est une Suite à l'atout !
La combinaison est exposée

faces visibles devant le joueur, et les points correspondants sont marqués. Le joueur peut continuer à utiliser les cartes de ses combinaisons exposées pour jouer les plis.

Un joueur peut aussi, au lieu de poser une combinaison, en compléter une qu'il a déjà posée, mais dont il a au moins déjà joué une carte. Attention : pour avoir le droit de compléter comme de poser, il faut toujours avoir ramassé le pli ! Et, par tour, on ne peut poser ou compléter qu'une seule combinaison.

Exemple :

Le joueur avait posé précédemment une Suite 6,7,8,9 de Cœur. Au tour suivant, il joue le 6 de Cœur, perd le pli, et pioche un 10 de Cœur. Au tour suivant, il gagne le pli (sans jouer le 10 de Cœur, bien sûr) : il complète alors 7,8,9 avec le 10 de Cœur et marque à nouveau une Suite de 4 cartes à 50 points.

A la fin de son tour, le joueur qui a ramassé le pli (et peut-être posé) prend le premier une carte dans la pioche, suivi par son adversaire. Puis il entame le coup suivant.

• **Dès qu'il n'y a plus de cartes dans la pioche :**

Les joueurs ne peuvent plus poser de combinaisons. Ils se contentent d'essayer de ramasser des plis. Chaque joueur est désormais obligé de fournir la couleur demandée et n'a le droit de couper que s'il n'en a pas. S'il n'a pas non plus d'atout, il se défausse de n'importe quelle carte. C'est toujours la carte la plus forte de la couleur demandée, ou l'atout, qui remporte le pli.

Fin du coup :

Le coup s'arrête quand les joueurs ont joué toutes leurs cartes. Ils comptent alors les points des plis qu'ils ont ramassés en en additionnant les cartes selon ces valeurs :

Cartes	Points
Valet d'atout	20
9 d'atout	14
As	11
10	10
Roi	4
Dame	3
Valet d'atout	2
Autres cartes	0

Le joueur qui a fait le dernier pli se rajoute 5 points.

Si un joueur marque, uniquement avec ses plis, moins de 21 points, son adversaire reçoit 100 points supplémentaires.

Tous ces points de plis s'additionnent aux points de combinaisons pour donner le score du coup.

Victoire :

En plusieurs coups, le premier joueur qui dépasse un total de 1000 points a gagné. S'il dépasse, grâce à une combinaison, ce total en cours de coup, il est déclaré vainqueur aussitôt.

VARIANTE

LE JASS «COMPLET» :

On enlève cette fois du jeu toutes les cartes jusqu'au 9. Il reste alors 24 cartes. On distribue 12 cartes à chaque joueur, soit la totalité du paquet. Les joueurs ne piochent donc pas à la fin de leur tour. On suit les règles de la première phase du Jass normal jusqu'à ce que deux combinaisons aient été posées (une pour par chaque joueur, ou deux par le même). Après, on suit les règles de la seconde phase du Jass normal.

Note : il faut toujours gagner le pli pour pouvoir poser une combinaison. Compléter une combinaison compte comme une nouvelle combinaison.

JONCTIONS

Matériel : 1 jeu de 52 cartes
Difficulté : 1
Chance : 3
Réflexion : 2
Principe de jeu : un jeu de cartes qui ressemble à un jeu de dominos…
Ordre des cartes : classique

Préparation :

Le donneur enlève les quatre 7 du jeu et les pose en colonne sur la table. Ils constitueront les points de départ des suites de chaque couleur. Puis il distribue 15 cartes à chaque joueur. Le reste des cartes forme la pioche.

Tour de jeu :

Le non-donneur commence. A son tour, le joueur peut poser une carte dans une des quatre Suites qui se forment sur la table, du moment que cette carte est de la même couleur (Pique, Cœur, Carreau ou Trèfle) que la Suite et qu'elle la prolonge. Les Suites se développent à gauche et à droite du 7 de leur couleur.

Exemple :

5,6,7,8,9 de Trèfle, 7, 8, 9, 10, Valet de Pique, 7 de Cœur, 6,7 de Carreau sur la table. Le joueur peut poser un 4 ou un 10 de Trèfle, un 6 ou une Dame de Pique, un 6 ou un 8 de Cœur, un 5 ou un 8 de Carreau.

Si un joueur ne peut pas poser de carte, il passe. Quoi qu'il en soit, à la fin de son tour, il reprend une carte dans la pioche (tant qu'elle n'est pas épuisée). Attention : on ne peut poser qu'une seule carte par tour, et il est interdit de passer si on a une possibilité de jeu.

Fin du coup et victoire :

Le premier joueur qui a posé toutes ses cartes a gagné.

VARIANTE

Pour accélérer le jeu, on peut convenir que chaque joueur peut poser successivement deux cartes, au lieu d'une, à chaque tour. Il continue néanmoins à piocher une seule carte.

Jonga (le)

Matériel : 1 jeu de 52 cartes et les 2 Jokers
Difficulté : 4
Chance : 2
Réflexion : 4
Principe de jeu : former et marquer des combinaisons inspirées du jeu chinois de «Mah-Jong»
Ordre des cartes : classique

Vocabulaire :

Dans ce jeu, les As sont appelés les «Anges», les Dames, les «Fées», et les Jokers, les «Démons». Par ailleurs, toutes les figures, les As et les Jokers sont considérés comme des «Honneurs».

Préparation :

Le donneur distribue 13 cartes à chacun. Le reste des cartes est posé en pile, faces cachées, et forme la pioche.

Tour de jeu :

Le donneur commence.
A son tour, le joueur prend une carte dans la pioche et l'intègre à sa main. Puis il rejette une carte, face visible, sur une pile de défausse à côté de la pioche, en l'annonçant à haute voix.
Le joueur, au lieu de prendre dans la pioche, peut aussi prendre la carte que vient de reje-ter son adversaire. Mais il n'en a le droit que s'il pose aussitôt une combinaison contenant cette carte, ou s'il fait «Jonga» grâce à elle. Les combinaisons sont posées faces visibles devant le joueur.

> Après avoir pris une carte dans la pioche, le joueur peut aussi poser une ou plusieurs combinaisons, incluant ou non la carte piochée. C'est cependant rare, car le principe de jeu fait que l'intérêt du joueur est de garder ses combinaisons en main.

➣ **Attention :** les combinaisons qui sont formées avec la carte rejetée de l'adversaire sont dites «ouvertes». Toutes leurs cartes sont exposées faces visibles. Les combinaisons qui sont formées entièrement depuis la main du joueur (posées en cours de coup ou quand le joueur fait Jonga) sont dites «cachées». Pour le signaler en vue du calcul du score, une de leurs cartes est retournée face cachée.

Fin du coup :

Le coup se termine quand un joueur fait «Jonga», c'est-à-dire quand il peut agencer la totalité de ses 14 cartes en combinaisons : 4 combinaisons de 3 cartes (ou 4 cartes pour les Cadrans), et une Paire. On fait donc nécessairement Jonga après avoir pioché une carte ou pris la carte rejetée par l'adversaire.

Le coup peut aussi se terminer si la pioche est épuisée et qu'aucun joueur n'a fait Jonga. Dans ce cas, personne ne marque, le coup est nul.

Les combinaisons :

Nom	Combinaisons	Points
Paire	2 cartes de même hauteur	0
Paire d'Honneurs	2 Honneurs de même hauteur	2
Triade	3 cartes de même hauteur	4
Triade d'honneurs	3 Honneurs de même hauteur	8
Cadran	4 cartes de même hauteur	8
Cadran d'Honneurs	4 Honneurs de même hauteur	16
Suite	Suite de 3 cartes de même couleur	0
Petite Suite d'Honneurs	Suite contenant une Fée	4
Grande Suite d'Honneurs	Suite contenant une Fée et un Ange	8

Particularités :

- On ne complète ni ne modifie jamais les combinaisons déjà posées. Elles sont définitivement fixées.

- La Paire ne se pose que lorsque le joueur fait Jonga.

- Toutes les Suites sont constituées de 3 cartes de la même couleur (Pique, Carreau, Cœur, Trèfle).

- Quand un joueur pose un Cadran, donc 4 cartes au lieu de 3, il doit aussitôt reprendre une carte dans la pioche pour compléter sa main. Un joueur qui a un Cadran en main a donc intérêt à le poser, car il ne peut pas faire Jonga tant qu'il n'a pas rééquilibré son total de cartes. Il arrive que le joueur qui pose un Cadran oublie de piocher avant que son adversaire ne joue. Dans ce cas, il termine le coup sans pouvoir faire Jonga et essaie seulement de perdre un minimum.

Calcul du score :

Seul le joueur qui fait Jonga marque des points. Il compte son jeu en additionnant les points des combinaisons qu'il a formées (voir tableau).

➢ **Attention** : les combinaisons «cachées» (à l'exclusion des Paires) comptent double.

Exemple :
Une Triade d'Honneurs cachée ne vaut pas 8, mais 16 points.

Le joueur arrondit le total additionné de ses combinaisons à la dizaine la plus proche : par exemple, 32 ou 34 sont arrondis à 30, tandis que 36 ou 38 sont arrondis à 40. Enfin, il ajoute un bonus de 20 points s'il a fait Jonga en piochant une carte, ou un bonus de 60 points s'il a fait Jonga sur une carte rejetée par son adversaire. Il a son score de base.

Il regarde ensuite si son jeu contient des «Avantages». Chaque avantage présent multiplie son score de base par 2. Ces avantages sont cumulatifs : on les compte absolument tous, même s'ils se recoupent, et un joueur qui a 3 avantages multiplie son score par 2 x 2 x 2, soit par 8 !

Exemple :
Un Jonga qui ne contient aucun Honneur, et ne vaut aucun point, compte les avantages de Aucun Honneur et de Pas de points, pas d'Honneurs. Il est donc multiplié par 4 (x 2 x 2).
De la même façon, un Jonga entièrement caché compte à la fois 4 Combinaisons cachées et 3 Combinaisons cachées (donc multiplié aussi par 4).

Le score final du joueur est donc son score de base, multiplié ou non par les avantages. Il peut monter très haut ! Une limite est cependant fixée pour éviter de trop gros écarts : un score supérieur à 1000 points reste compté pour 1000 points.

Avantages	Bonus
Triade ou Cadran d'Anges ou de Fées	x2
Un Honneur dans chaque combinaison***	x2
Aucun Honneur	x2
Pas de points, pas d'Honneurs	x2
Que des Triades ou Cadrans (+ une Paire)	x2
Famille unie***	x2
3 combinaisons cachées***	x2
4 combinaisons cachées***	x2
Triade d'Anges ou de Fées	x2
Paire de Démons	x4

Particularités :

- On ne tient pas compte de la Paire pour les avantages marqués ***.

- Aucun Honneur : le Jonga ne contient aucune carte au-dessus du 10 et aucun Joker.

- Pas de points, pas d'Honneurs : le Jonga est composé uniquement de Suites sans valeur et d'une Paire sans valeur.

- Famille unie : toutes les combinaisons, Paire comprise, comportent au moins une carte d'une même famille (Pique, Cœur, Carreau, ou Trèfle).

- Les Jokers, ou Démons, sont des cartes embarrassantes, car ils ne s'agencent qu'entre eux pour former une Paire. Mais une Paire très avantageuse...

RÈGLE OPTIONNELLE : LE «RICHI»

Quand un joueur n'attend plus qu'une seule carte pour pouvoir faire Jonga, il a la possibilité de se mettre «Richi». Il l'annonce clairement à la fin de son tour, quand il rejette sa carte, puis il pose sur la table, faces cachées, les cartes qu'il a encore en main. Désormais, son tour de jeu se résume à piocher et, si la carte ne lui donne pas son Jonga, à la défausser. Le joueur est obligé de prendre son Jonga dès que la carte attendue se présente, soit à la pioche, soit rejetée par son adversaire. Sinon, il encourt une pénalité de 500 points qu'il donne à son adversaire. S'il se trompe, c'est-à-dire s'il annonce Jonga sur une carte impropre, il perd aussi 500 points. En échange des risques encourus, le joueur Richi, quand il fait Jonga correctement, bénéficie d'un x 2 supplémentaire.

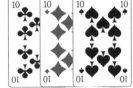

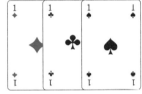

Exemple :

Le joueur fait Jonga avec :
- 2,3,4 de Pique (0 point).
- 5,6,7 de Pique (0 point).
- Triade de 10 (cachée) (8 points)
(comprenant un 10 de Pique).
- Triade d'Anges (8 points)
(comprenant l'As de Pique).
- Paire de Fées (2 points).
Soit 18 points, arrondis à 20,
auxquels le joueur ajoute 40
points parce qu'il a fait Jonga
avec la carte rejetée par son

adversaire. Score de base :
60 points.

Il a comme avantages :
- la Triade d'Anges (x2)
- une «Famille unie» (x2) :
toutes les combinaisons com-
prennent une carte de Pique (la
Paire n'est pas prise en comp-
te).

Le joueur marque donc finale-
ment : 60 x 2 x 2 = 240 points.

Jour j (le)

Matériel : 2 jeux de 32 cartes
Difficulté : 2
Chance : 4
Réflexion : 1
Principe de jeu : une réussite à deux joueurs où il faut former des Séries
Ordre des cartes : classique

Préparation :

Chaque joueur prend un jeu de 32 cartes, le bat, le donne à couper à son adversaire, et le pose devant lui, faces cachées. Chaque joueur retourne la première carte de sa pioche et la pose à côté, visible : elle ouvre sa pile de «rebut».

Tour de jeu :

Le but du jeu est de se débarrasser de ses cartes sur des Séries, classées par famille, formées par les deux joueurs au centre de la table. Attention : les Séries sont «en boucle» : après l'As, on peut très bien placer le 7, puis le 8, etc. Ou avant le 7, on peut très bien placer l'As, puis le Roi, etc.

A son tour, le joueur regarde d'abord s'il peut placer la première carte de son rebut. Il le peut si :

- Elle est d'une famille qui n'est pas encore ouverte. Il pose alors sa carte au centre de la table, qui ouvre la Série de sa famille.

- Elle est de la même famille qu'une Série déjà ouverte, et de valeur strictement inférieure ou supérieure à une des extrémités de la Série. Il pose alors sa carte à l'extrémité correspondante.

- Elle est de la même famille que la première carte du rebut de son adversaire, et de valeur strictement inférieure ou supérieure. Il pose sa carte sur le rebut de son adversaire.

- Dans tous les autres cas, le joueur ne peut pas poser.

En posant sa carte, le joueur dévoile la carte suivante de son rebut. Il voit à nouveau s'il peut la poser… Et ainsi de suite, jusqu'à ce qu'il soit bloqué.
Le joueur retourne alors la première carte de sa pioche, et la pose face visible sur son rebut. Son tour est fini.

Quand un joueur a épuisé sa pioche, il retourne son rebut qui forme sa nouvelle pioche.

Fin du coup et victoire :

Le joueur qui pose le premier toutes ses cartes gagne.

VARIANTES

JOUR DOUBLE :

Cette variante est plus rapide. Au début de son tour, le joueur retourne la première carte de sa pioche en la laissant dessus, face visible. Il a donc deux cartes possibles à poser : celle du talon et celle du rebut. A chaque fois qu'il pose une carte de sa pioche, il retourne la suivante. Son tour se finit quand il ne peut poser aucune de ses deux cartes. Il transfère alors sa carte de la pioche sur le rebut.

JOUR TRIPLE :

Cette variante est la plus tactique. Au début du jeu, chaque joueur prend les 3 premières cartes de sa pioche en main. Ce sont ces cartes-là qu'il peut poser. A chaque fois qu'il en pose une, il prend la suivante dans sa pioche, et ainsi de suite jusqu'à ce qu'il ne puisse plus poser aucune de ses 3 cartes. Il en rejette alors une, face visible, à côté de sa pioche, dans une sorte de «rebut». C'est à son adversaire de jouer.

➤ Attention : ce «rebut» servira seulement à être retourné comme nouvelle pioche quand le joueur aura épuisé sa pioche. Les joueurs ne peuvent donc plus poser directement les cartes de leur «rebut». Ils peuvent par contre toujours poser des cartes de leur main sur celui de leur adversaire !

Maisons (les)

Matériel : 1 jeu de 52 cartes et 18 cartes tirées d'un autre jeu
Difficulté : 2
Chance : 5
Réflexion : 3
Principe de jeu : faire progresser les cartes de sa couleur sur un damier pour les ramener dans sa «maison»
Ordre des cartes : sans importance

Préparation :

On commence par disposer au centre de la table 18 cartes prises dans un second paquet. Elles sont posées au centre de la table, faces cachées, en cinq rangées successives de trois et de quatre. En fait, ces cartes servent juste à créer les cases d'une sorte de damier.

Un joueur décide de jouer «rouge», l'autre décide de jouer «noir».

Le donneur prend alors l'autre paquet, de 52 cartes, et en extrait 11 cartes rouges et 11 cartes noires, n'importe lesquelles. Il les bat, puis il les pose sur la table, faces visibles, pour former la maison de chaque joueur. Il commence par la maison de son adversaire, par sa rangée la plus éloignée, et pose, toujours de gauche à droite, jusqu'à la dernière rangée de sa propre maison.

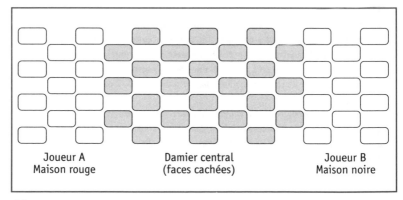

Joueur A	Damier central	Joueur B
Maison rouge	(faces cachées)	Maison noire

Une maison est constituée de 11 cartes, une rangée de quatre, une de trois, puis une de quatre.
Le donneur bat alors le reste du paquet dont il a extrait les 22 cartes et il en distribue la moitié, faces cachées, à chacun, qui les pose en pile devant soi. Chaque joueur a ainsi sa pile de pioche.

Tour de jeu :

Le non-donneur commence.
A son tour, chaque joueur doit déplacer une carte de sa couleur vers sa propre maison. Il choisit une carte dans la maison de son adversaire, ou une carte «arrêtée» au milieu du damier.

• Règles de déplacement :
- La carte se déplace en suivant le damier, toujours en diagonale, d'autant de cases qu'il est possible ou que le joueur veut.

- Le déplacement n'est pas obligatoirement rectiligne, la carte peut changer de direction, zigzaguer.

- Mais elle doit toujours aller dans la direction de la maison de sa couleur.

- Elle peut passer librement sur les cartes de sa couleur ou sur les cases «neutres» (cartes retournées) du damier.

- Par contre, lors de son déplacement, elle ne peut passer qu'une seule fois sur une carte de l'autre couleur.

- La carte s'arrête et est posée dans la case suivant immédiatement la dernière case de son déplacement. Elle peut se poser et recouvrir absolument n'importe quelle carte, soit de sa couleur, soit de la couleur adverse, soit neutre.

- Si le joueur a déplacé une carte depuis la maison de son adversaire, il doit la remplacer par la première carte de sa pioche. Son tour est fini, c'est à son adversaire de jouer.

Fin du coup et victoire :

Dès qu'un joueur n'a plus dans sa maison que des cartes visibles de sa couleur, il a gagné !

Malice (la)

Matériel : 2 jeux de 52 cartes avec 4 Jokers
Difficulté : 2
Chance : 2
Réflexion : 4
Principe de jeu : former des suites pour se débarrasser de ses cartes. Une variante plus tonique de la Crapette
Ordre des cartes : classique, mais l'As est la plus petite carte

Préparation :

On distribue à égalité un des jeux de 52 cartes : 26 cartes à chaque joueur qui, en pile faces cachées devant lui, forment sa «Malice». On incorpore ensuite les 4 Jokers à l'autre jeu de 52 cartes, on bat le tout, et on distribue 5 cartes à chaque joueur, qu'il prend en main. Le reste des cartes est placé au centre de la table, c'est la pioche.

Chaque joueur a aussi fictivement, devant lui, 4 emplacements de piles de défausse qu'il pourra utiliser au fil de la partie.

Tour de jeu :

➤ **Attention :** dès qu'un As apparaît dans le jeu, il est aussitôt placé au centre de la table. Il ouvre une nouvelle possibilité de Série pour les deux joueurs. Il faut noter aussi que les couleurs des cartes n'ont aucune importance dans le jeu.

A son tour, le joueur commence par compléter sa main à 5 cartes avec la pioche. Puis il retourne, face visible, la première carte de sa Malice.

Il doit alors, s'il le peut, placer cette carte au centre de la table sur une des Séries en cours. Les Séries du centre, construites à partir des As, sont des Séries croissantes (As, 2, 3, 4, etc.). Répétons-le, elles ne tiennent aucun compte de la couleur de l'As d'origine, ni de la couleur d'aucune carte.

Quand le joueur a placé une carte de sa Malice, il en retourne la carte suivante. Il peut désormais placer au centre soit cette carte (et dans ce cas, il retourne la suivante, etc.), soit des cartes de sa main, soit des cartes visibles de ses piles de défausse.

Le joueur peut aussi poser une carte de sa main sur une de ses piles de défausse, face visible. Sa carte doit être strictement inférieure, ou égale, à la carte visible de la pile sur laquelle il la pose. Ce faisant, le joueur met automatiquement fin à son tour de jeu.

Exemple : *sur un Valet, il peut poser un Valet ou un 10.*

Il arrive aussi qu'un joueur ne puisse plus ou ne veuille plus jouer sans poser de carte sur une de ses défausses : il annonce alors seulement *«j'ai fini»*.

> Quand une série du centre a atteint son maximum (montée de l'As au Roi), elle est ramassée et intégrée à la pioche, qui est battue.

Les Jokers : ils peuvent remplacer toute carte au gré du joueur, sauf un As.

Fin du coup et victoire :

Le premier joueur qui parvient à vider toute sa Malice met fin au coup et gagne. Si on veut compter un score, il marque autant de points qu'il reste de cartes dans la Malice de son adversaire.

REMARQUE POUR LES JOUEURS HABITUÉS À LA CRAPETTE

Au jeu de la Malice, on n'a jamais le droit de déplacer de cartes d'une pile à l'autre, ou de poser des cartes sur les défausses de son adversaire, etc. Les seuls «mouvements» de cartes autorisés se font vers les Séries du centre, depuis la main du joueur, depuis sa Malice ou depuis ses piles de défausse. L'unique exception est le rejet d'une carte de la main du joueur vers une de ses défausses, qui met d'ailleurs fin à son tour.

Malice (la)

Exemple :

Au-dessus de la main de 5 cartes du joueur (normalement cachée), sa Malice et ses 4 piles de défausse, puis trois Séries ouvertes. La seule solution du joueur est ici de se défausser de sa Dame de Pique sur son Roi de Pique, et de finir ainsi son tour.

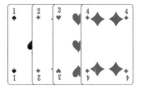

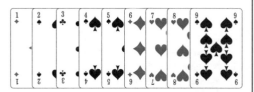

MAT (LE)

Matériel : 1 jeu de 32 cartes
Difficulté : 1
Chance : 1
Réflexion : 4
Principe de jeu : bloquer l'adversaire pour l'empêcher de poser ses cartes
Ordre des cartes : croissant : 7, Dame, Roi, 10, As

Préparation :

On enlève du jeu les 8, les 9 et les Valets qui ne servent pas. Le donneur bat le reste et distribue dix cartes à chacun, c'est-à-dire tout.

Tour de jeu :

C'est le non-donneur qui commence.
A son tour, le joueur joue devant lui une carte. En fait, chacun aligne devant lui, au fur et à mesure, les cartes qu'il joue.
Son adversaire doit jouer une carte de la même couleur, ou une carte de même hauteur (un Roi si un Roi est joué).
Le joueur qui a joué la plus forte carte de la couleur demandée, ou la couleur la plus forte en cas d'égalité (ordre des couleurs, croissant : Trèfle, Carreau, Cœur, Pique), entame le tour suivant.

Fin du coup :

La partie s'arrête dès qu'un des deux joueurs ne peut plus fournir ni la couleur demandée, ni une carte de même hauteur. Il est «Mat».

Victoire :

Le vainqueur marque comme score la valeur de sa carte qui a fait «Mat» multipliée par le nombre de coups joués. L'As vaut 11, le 10 vaut 10, le Roi vaut 4, la Dame vaut 3, le 7 vaut 7.

Exemple :

On est arrivé au sixième coup. Le joueur A joue un Roi de Trèfle, B joue une Dame de Trèfle. A est le plus fort, il entame donc le septième coup : il joue le 10 de Trèfle. B n'a plus de Trèfle ni de 10 en main : il est Mat ! A gagne, et marque 70 points : 10 (valeur du 10) multiplié par 7 (Mat au 7e coup).

Napoléon (le)

Matériel : 1 jeu de 32 cartes ou de 52 cartes, des jetons
Difficulté : 1
Chance : 3
Réflexion : 3
Principe de jeu : parier sur un nombre de plis à réaliser
Ordre des cartes : classique

Préparation :

On utilise un jeu de 32 ou de 52 cartes, au choix. Le Napoléon est moins chanceux avec 32 cartes, plus spectaculaire avec 52.
Le donneur distribue 5 cartes à chaque joueur. Le reste des cartes n'est pas utilisé.

Les annonces :

Chaque joueur, en commençant par le non-donneur, «passe» ou annonce le nombre minimum de plis qu'il s'engage à faire.
Cette annonce doit toujours être supérieure à la dernière annonce faite.
Quand les deux tours ont passé, c'est la dernière annonce qui est retenue, et on joue.

Les annonces sont, dans l'ordre croissant :

- 2 plis.

- 3 plis.

- Misère : le joueur s'engage à ne faire aucun pli. Il n'y a pas d'atout.

- 4 plis.

- Napoléon (ou Nap) : le joueur s'engage à faire les 5 plis, c'est-à-dire tous.

- Wellington : comme le Napoléon, mais l'enjeu est doublé.

- Blücher : comme le Napoléon, mais l'enjeu est triplé.

➢ **Attention :** un joueur ne peut annoncer un Wellington ou un Blücher que si lui-même, ou son adversaire, a déjà précédemment annoncé un Napoléon.

Tour de jeu :

C'est le joueur dont l'annonce est retenue qui entame. La première carte qu'il joue fixe la couleur de l'atout.
Les plis se jouent selon les règles classiques : il faut fournir

la couleur demandée ou, si on n'en a pas, couper ou se défausser, au choix. Le joueur qui a joué la carte la plus forte dans la couleur demandée, ou coupé, remporte le pli et entame le pli suivant.

Fin du coup :

Quand les cinq plis ont été joués, on voit si le joueur a respecté son annonce. Si c'est le cas, il reçoit de son adversaire autant de jetons qu'il avait annoncé de plis. En cas de Wellington, il en reçoit 10, de Blücher, 15. Une Misère est payée 5 jetons.
Si le joueur ne respecte pas son annonce, c'est lui qui paye le même nombre de jetons à son adversaire !

Victoire :

Le but est de dépouiller l'autre joueur de tous ses jetons. 60 jetons donnent une durée agréable de partie. Attention : un joueur ne peut jamais annoncer un enjeu supérieur au nombre de jetons qui lui reste.

VARIANTES

NAPOLÉON «À LA CAVE» :

Les deux joueurs conviennent d'une «cave», c'est-à-dire d'un nombre de jetons de base dont chacun dispose. 50 jetons est recommandé. Quand un joueur n'a plus de jetons, il peut se «re-caver» (reprendre 50 nouveaux jetons) ou quitter définitivement la partie. Un joueur peut aussi se re-caver, même s'il lui reste des jetons, pour faire une annonce dont l'enjeu est supérieur à ce qui lui reste. Enfin, un joueur est obligé de se re-caver s'il est obligé de payer un nombre de jetons supérieur à ce qui lui reste. Il est interdit de quitter la partie si on a encore plus de 4 jetons devant soi.

NAPOLÉON «MASQUÉ» :

Les joueurs reçoivent chacun 6 cartes. Ils font leurs annonces. Une fois l'annonce fixée, chaque joueur, en commençant par le non-donneur, reprend une carte dans le talon (il en a donc 7 en main), puis en écarte deux de son choix, faces cachées, qui ne serviront pas.

PINOCHLE (LE)

Matériel : 2 jeux de 32 cartes
Difficulté : 2
Chance : 3
Réflexion : 3
Principe de jeu : faire des plis et marquer des combinaisons. Ce jeu est un dérivé du Bésigue
Ordre des cartes : croissant : 9, Valet, Dame, Roi, 10, As

Préparation :

On retire les 7 et les 8 des deux paquets, ils ne servent pas dans le jeu.

Le donneur bat ensemble les deux paquets. Puis il distribue 12 cartes à chacun, 3 par 3. Il retourne la carte suivante (la «retourne») qui indique la couleur d'atout. Le reste des cartes est placé en pile, faces cachées, et forme la pioche.

Si la carte retournée est un 10, le donneur marque aussitôt 10 points.

Tour de jeu :

Le non-donneur joue en premier. Ensuite, c'est le joueur qui vient de faire un pli qui entame le pli suivant.

Le coup se joue en deux phases, selon que la pioche est épuisée ou non.

• Avant la fin de la pioche :

Le joueur joue une carte. Son adversaire n'est obligé à rien : il peut suivre la couleur demandée ou en jouer une autre, il peut couper ou non, librement. Le joueur qui a joué la carte la plus forte dans la couleur demandée ou à l'atout remporte le pli.

Il a alors le droit de montrer une combinaison, une seule par pli. Aussitôt le pli ramassé, il pose visible devant lui la combinaison, et marque les points correspondants. Il a le droit d'utiliser une ou plusieurs cartes d'une de ses combinaisons déjà exposées pour former une nouvelle combinaison. Mais la nouvelle combinaison doit être plus forte que la précédente (valoir autant ou plus de points) et une carte au moins doit venir de sa main.

Combinaisons	Valeur
Dix : 9 d'atout	10
Mariage (Roi et Dame de même couleur)	20
Mariage royal (Roi et Dame d'atout)	40
Pinochle (Dame de Pique et Valet de Carreau)	40
Carré de Valets	40
Carré de Dames	60
Carré de Rois	80
Carré d'As	100
Quinte (As, 10, Roi, Dame, Valet d'atout)	150

Le joueur pioche ensuite une carte, suivi par son adversaire. Au douzième pli, le joueur prend la dernière carte de la pioche (après avoir posé une combinaison s'il le veut et s'il le peut). Son adversaire prend la retourne.

• Après l'épuisement de la pioche :
Les joueurs continuent à faire des plis, mais ne posent plus de combinaisons. Le jeu de la carte change :

- Le joueur doit fournir la couleur demandée quand il le peut.

- Le joueur est obligé de couper s'il n'a pas la couleur demandée et doit surcouper à l'atout.

- Si le joueur n'a pas non plus d'atout, il a le droit de se défausser.

Fin du coup :
Après le dernier pli, les joueurs additionnent la valeur des cartes contenues dans les plis qu'ils ont ramassés. L'As vaut 11, le 10 vaut 10, le Roi vaut 4, la Dame vaut 3, le Valet vaut 2, le 9 vaut 0. Ce total est arrondi à la dizaine supérieure (de 41 à 45, on compte 40, de 46 à 49, on compte 50). Ces points s'ajoutent à ceux des combinaisons.

Victoire :
On joue autant de coups qu'il le faut pour qu'un joueur atteigne ou dépasse un total de 1000 points. La partie s'arrête dès que ce score est atteint, même en cours de coup à la suite d'une combinaison, et le joueur est aussitôt déclaré vainqueur.

Piquet (le)

Matériel : 1 jeu de 32 cartes
Difficulté : 4
Chance : 3
Réflexion : 4
Principe de jeu : le Piquet est le père de tous les jeux de combinaisons et de plis
Ordre des cartes : classique

Préparation :

Le donneur distribue 12 cartes, deux par deux, à chacun. Les huit cartes restantes forment le talon et sont réparties aléatoirement faces cachées par le donneur en une pile de 3 cartes (destinée au donneur) et une pile de 5 cartes (destinée au non-donneur).

Tour de jeu :

Le Piquet se déroule en trois phases successives : l'écart, les combinaisons et enfin les plis.

1. L'écart :

Le non-donneur regarde son jeu. Il peut alors écarter de 0 à 5 cartes. Il les met de côté (elles ne servent plus) sans les montrer, et il en reprend le même nombre dans son talon de 5 cartes. S'il échange moins de 5 cartes, les cartes restantes de son talon sont posées sous le talon du donneur.

Le donneur peut alors faire son écart : il peut échanger, au maximum, autant de cartes que son talon en contient maintenant.

➤ **Attention :** chaque joueur, avant son écart, peut annoncer un «Dix de Blanc» quand son jeu ne contient aucune figure (Roi, Dame, Valet). Le joueur montre son jeu, le reprend et marque 10 points.

2. Les combinaisons :

Après les écarts des deux joueurs, le non-donneur annonce selon les cartes de sa main, dans l'ordre :
- son Point,
- ses Séquences,
- ses Brelans et Carrés.

A chaque fois, le donneur lui répond :
- *«C'est bon !»* s'il a une combinaison moins forte.

- «*Égalité !*» s'il a une combinaison égale.
- «*Meilleur !*» s'il a une combinaison plus forte.

Le Point : chaque joueur prend la famille dans laquelle il a le plus grand nombre de cartes (il choisit s'il en a plusieurs à égalité) et additionne la valeur de ces cartes pour obtenir son Point.
Valeurs des cartes : l'As vaut 11, les figures valent 10, les autres cartes valent leur valeur chiffrée. Le joueur qui a le Point le plus élevé marque autant de points qu'il a de cartes dans la famille du Point.
Exemple :
Si sa famille comprend 5 cartes, il marque 5 points.
En cas d'égalité du Point, personne ne marque rien.

Les Séquences : ce sont des Suites de cartes de la même famille. Leur longueur en nombre de cartes les différencie.

Séquence	Longueur	Points
Tierce	3	3
Quatrième	4	4
Quinte	5	15
Seizième	6	16
Dix-septième	7	17
Dix-huitième	8	18

Le joueur annonce le type et la hauteur de la plus forte carte de chaque Séquence qu'il a en main.
Exemple :
Une suite 8,9,10, Valet de Pique s'annonce «quatrième au Valet».

La convention veut qu'une Suite montant à l'As soit annoncée «majeure».

Exemple :
10,Valet, Dame, Roi, As de Cœur s'annonce «Quinte majeure».

Le joueur qui a la Séquence la plus élevée en marque les points. Deux Séquences de même type se départagent par leur hauteur. En cas d'égalité (les deux joueurs ont par exemple chacun une Tierce à la Dame dans des familles différentes), personne ne marque.

Les Brelans et les Carrés : ce sont 3 ou 4 cartes de même hauteur. Les 7, les 8 et les 9 ne peuvent pas en former. Un Brelan vaut 3 points, un Carré (appelé aussi «Quatorze» au Piquet) vaut 14 points. Le joueur annonce sa combinaison la plus forte en en précisant la hauteur, par exemple, «Quatorze de Dames». Le joueur qui a la meilleure combinaison en marque les points (le Brelan est battu par le Carré, et un Carré de Rois bat un Carré de Dames).

➤ **Attention** : une même carte peut participer à plusieurs combinaisons de types différents.

Exemple : le joueur annonce et montre une séquence 10, Valet, Dame, Roi de Pique. Il pourra annoncer ensuite un Brelan de Valets comprenant ce même Valet de Pique.

3. Les plis :

Le non-donneur entame en jouant une carte. Ensuite, c'est toujours le joueur qui a ramassé le pli précédent qui entame. La règle est de fournir la couleur demandée si on le peut. Sinon, on peut se défausser de n'importe quelle carte. La carte la plus forte de la couleur demandée ramasse le pli.
Le coup se termine quand on a joué tous les plis. Le joueur qui a ramassé plus de 6 plis marque 10 points. S'il a ramassé tous les plis, c'est-à-dire 12, il «capote» et marque 40 points supplémentaires.

POINTS SPÉCIAUX

En entamant le premier pli, le non-donneur marque automatiquement 1 point. S'il atteint ou dépasse à ce moment un score de 30 points (marqués depuis le début du coup), et si le donneur, lui, n'a marqué aucun point, le non-donneur annonce alors *«Pic !»* et son score est aussitôt augmenté de 30 points.
De la même façon, si c'est un score de 60 points que le non-donneur atteint, et que le donneur est aussi à 0, il annonce *«Repic !»*, et son score est aussi augmenté de 30 points.

Victoire :

Une partie se joue en 150 ou 220 points, en plusieurs manches. Le premier joueur qui atteint ou dépasse ce total fixé gagne aussitôt la partie, même en cours de coup.

VARIANTE

LE RUBICON :

Cette variante est surtout conçue pour miser de l'argent et faire «chauffer» les scores ! Elle garantit une partie tendue et passionnante.

On conserve toutes les règles du Piquet classique. Mais on joue en quatre coups, ou manches, et les points du premier et du quatrième coup sont doublés. En outre, à la fin de la partie, si le score d'un joueur n'appartient pas à la même centaine que celui de son adversaire, le joueur qui a le score le plus élevé y ajoute celui de son adversaire, qui se retrouve avec 0 point.

Exemple :

Au premier coup, A marque 40 points, B, 22. Les scores sont doublés, A passe à 80 et B à 44. Deuxième coup : A marque 58 points, B, 9. Scores totaux : A 138, B 53. Troisième coup : A marque 12 points, B marque 35 points. Scores totaux : A 150, B 88. Au quatrième et dernier coup, A marque 23 points, B marque 5 points. Les scores sont doublés, A passe à 46 et B à 10. Scores totaux : A 196, B 98. Les deux scores ne sont pas dans la même centaine : le score final de A est donc de 294 (196 + 98) et celui de B est de… 0 ! Un écart de 294 points…

Notez que si B avait marqué par exemple 6 points au lieu de 5, il aurait atteint 100 points. Les scores de fin auraient alors été de 196 pour A, et de 100 pour B, avec un écart de 96 points…

PISHTI (LE)

Matériel : 1 jeu de 52 cartes
Difficulté : 1
Chance : 5
Réflexion : 2
Principe de jeu : ramasser des cartes avec un Valet ou une carte de même hauteur
Ordre des cartes : classique

Préparation :

Le donneur distribue à chacun 4 cartes, une par une, puis il étale 3 cartes faces cachées sur la table, et une, face visible. Si cette carte est un Valet, le donneur la ramasse (il la met face cachée à l'endroit de ses futures prises) et il la remplace par la première carte de la pioche.

Tour de jeu :

Le non-donneur commence. Le joueur pose une carte, face visible, de sa main.
Si c'est un Valet, ou si c'est une carte de même hauteur qu'une carte déjà visible sur la table, il ramasse toutes les cartes : c'est-à-dire les cartes visibles déjà jouées et, si elles n'ont pas encore été ramassées, les 3 cartes cachées.
Si sa carte jouée n'est ni un Valet, ni de même hauteur qu'aucune des cartes déjà visibles, le

joueur ne ramasse rien et la carte reste sur place.
C'est à l'adversaire de jouer.
Quand un joueur a ramassé, son adversaire joue donc une carte sans pouvoir rien ramasser, carte qui reste seule sur la table. Si, à son tour, l'autre joueur ramasse cette carte isolée en jouant une carte de même hauteur, il fait Pishti : il marque aussitôt 10 points.
Quand un joueur n'a plus de cartes, le donneur lui en redistribue aussitôt 4 prélevées du talon.

Fin du coup :

Le coup se termine quand le talon est épuisé et que toutes les cartes du jeu ont été jouées. Chaque joueur additionne alors la valeur des cartes qu'il a ramassées : chaque Valet ou chaque As vaut 1 point, le 2 de Trèfle vaut 2 points, le 10 de Carreau vaut 3 points, les autres cartes ne valent rien. Le joueur qui a ramassé le plus grand nombre de cartes marque aussi 3 points supplémentaires.

Victoire :

On fixe un total à atteindre en plusieurs coups, par exemple 60 points.

VARIANTE

L'Equilibre : pour atténuer le hasard, certains joueurs de Pishti décident que les Valets, au lieu de rapporter 1 point en fin de coup, font perdre 1 point. Une variante plus juste, dans laquelle on fixera un total à atteindre de 50 points.

Exemple :

La carte initialement retournée était un 4. Le non-donneur a joué un Roi et n'a rien ramassé. Maintenant, si le donneur joue un Roi ou un 4, il ramasse les 5 cartes.

PITCH (LE)

Matériel : 1 jeu de 52 cartes
Difficulté : 1
Chance : 4
Réflexion : 2
Principe de jeu : annoncer ses plis et garder ou ramasser certains atouts
Ordre des cartes : classique

Préparation :

Le donneur distribue 6 cartes à chaque joueur.

Tour de jeu :

Les joueurs enchérissent d'abord, en commençant par le non-donneur. Il passe, ou annonce le nombre de plis minimum qu'il s'engage à faire, 1, 2, 3, ou 4. L'autre joueur peut alors passer, ou faire une enchère supérieure ou égale.

La première annonce de 4 plis met fin aux enchères.

Quand les deux joueurs ont passé, on retient la dernière enchère faite.
Le joueur qui a fait cette enchère entame le premier pli. La première carte qu'il joue fixe la couleur d'atout.
La règle des plis est classique :

on doit fournir la couleur demandée, sinon couper ou se défausser. Le joueur qui a joué la carte la plus forte dans la couleur, ou qui a coupé avec l'atout, remporte le pli.

Fin du coup :

Quand les 6 plis ont été joués, les joueurs additionnent la valeur des cartes de leurs plis. L'As vaut 4, le Roi 3, la Dame 2, le Valet 1, et le Dix 10. Le joueur qui a le plus fort total marque 1 point.

Un joueur marque aussi à chaque fois qu'il a dans ses plis :
- la plus forte carte d'atout du coup (1 point) ;
- la plus faible carte d'atout du coup (1 point) ;
- le Valet d'atout (1 point).

Si le joueur dont l'enchère a été retenue n'a pas le nombre de plis auquel il s'engageait, il ne marque aucun point, et il déduit en points le nombre de plis qu'il avait annoncé.

Exemple :

Enchère de 3 plis ratée, il s'enlève 3 points. Les scores sont donc parfois négatifs.

L'autre joueur marque ses points.

Victoire :

Le premier joueur qui atteint ou dépasse 7 points a gagné la partie.

Exemple :

Ce joueur peut raisonnablement annoncer 4 plis. Il joue comme première carte l'As de Cœur et fixe l'atout à Cœur. Il enlève en même temps un atout à son adversaire. Il peut jouer ensuite la Dame de Cœur : après, il est peu probable qu'il reste encore de l'atout dans l'autre camp ! Désormais, seul l'As de Trèfle peut faire échouer le contrat, ou un bien improbable troisième Cœur chez l'adversaire.

POKER (LE)

Matériel : 1 jeu de 32 cartes, des jetons
Difficulté : 2
Chance : 4
Réflexion : 4
Principe de jeu : savoir exploiter au mieux les combinaisons qu'on a en main… ou impressionner son adversaire !
Ordre des cartes : classique

Conventions :

Le Poker est un jeu d'argent, on ne plaisante pas ! Les deux joueurs doivent d'abord se mettre bien d'accord sur la règle qu'ils utilisent, et ensuite convenir du système de mises.

- Si on joue de l'argent, on doit d'abord convenir de la valeur de base du jeton.

- On fixe ensuite le montant de la Cave, c'est-à-dire le nombre de jetons dont dispose le joueur. En cours de partie, s'il n'a plus de jetons, le joueur peut se «recaver», c'est-à-dire racheter une Cave pour continuer à jouer (proposition : 100 jetons).

- On fixe la mise minimale pour participer initialement à chaque coup (proposition : 5 jetons).

- On fixe la durée de la partie, soit une heure limite, soit un certain nombre de coups, soit un certain nombre de caves.

LES PROBABILITÉS

Statistiquement, un joueur obtient une Paire dès la donne tous les 3 coups. Une double Paire, tous les 9 coups. Un Brelan, tous les 16 coups. Une Suite, tous les 40 coups. Un Full, tous les 150 coups. Une couleur, tous les 1000 coups. Et une Quinte Flush, tous les 10.000 coups !!! Avis aux amateurs...

- On convient enfin des combinaisons qu'on utilise, et de leur hiérarchie. Voici la convention du Poker le plus classique (ordre croissant) :

Nom	Combinaison	Exemple
Rien	une carte, la plus forte du jeu	un Roi...
Paire	2 cartes de même hauteur	deux Dames
Double Paire	2 cartes	deux Valets et deux 7
Brelan	3 cartes de même hauteur	trois 8
Quinte	une Suite de 5 cartes de couleurs différentes	8 - 9 - 10 - Valet - Dame de n'importe quelle couleur
Flush	5 cartes de la même couleur	7 - 9 - Dame - Roi - As de Cœur
Full	1 Brelan et 1 Paire	trois As et deux 7
Carré	4 cartes de même hauteur	quatre 9
Quinte Flush	une Suite de 5 cartes de la même couleur	9 - 10 - Valet - Dame - Roi de Carreau

Règles hiérarchiques :
- Chaque combinaison bat toutes les combinaisons qui lui sont inférieures.

- Entre deux combinaisons semblables, celle qui est composée des cartes les plus hautes bat l'autre.
Exemple : un Brelan de Rois bat un Brelan de 10.

Dans les Fulls, ce sont les Brelans qu'on compare. Pour les Quintes, ce sont les cartes les plus hautes de la Suite.

- Deux combinaisons semblables se départagent par la hauteur des cartes qui les accompagnent.
Exemple : Paire d'As, Roi, 10, 9 bat Paire d'As, Dame, 10, 9.

Le système de mises :
Le Poker est essentiellement un jeu de mises, dont les tours respectent un mécanisme et un rituel stricts.
Quand c'est à lui de «parler», chaque joueur peut «passer», «ouvrir», «tenir», ou «relancer».

- Passer : le joueur ne mise rien et abandonne le coup. Son adversaire ramasse le pot.

- Ouvrir : le joueur qui entame la phase de mises dépose sa mise dans le pot. C'est à l'autre joueur de passer (abandon), de tenir, ou de relancer.

- Tenir (ou «suivre») : le joueur dépose dans le pot une mise égale à celle qui vient d'être misée par son adversaire.
Exemple : *A mise 8 jetons, B annonce «je tiens» ou «je suis» et met aussi 8 jetons dans le pot.*

➢ **Attention :** tenir met toujours fin à la phase de mises en cours.

- Relancer : le joueur répond à la mise de son adversaire en l'augmentant encore.
Exemple : *A mise 8 jetons. B annonce «je suis» en mettant 8 jetons dans le pot, puis «je relance de 3» en rajoutant 3 jetons. A peut maintenant passer (abandon), tenir (il mise 3 jetons), ou relancer (il mise 3 jetons, et en rajoute 2).*

Préparation :
Le donneur bat le paquet, le fait couper par son adversaire, et distribue 5 cartes, faces cachées, à chacun. Chaque joueur pose au centre de la table sa mise obligatoire pour le coup. L'endroit où se réunissent les mises s'appelle le pot.

Tour de jeu :
Chaque joueur regarde ses cartes. On entame une première phase de mises, le non-donneur «parlant» en premier.

Une fois cette première phase de mises finie, si aucun joueur n'a quitté le coup, on procède aux écarts. Le non-donneur commence.

Le joueur annonce le nombre de cartes qu'il veut changer dans son jeu. Il les met de côté, faces cachées, et son adversaire lui en redonne le même nombre, prises dans le talon.

Il est interdit de changer ses 5 cartes. Si on veut n'en changer aucune, on annonce *«servi !»*.

Règle communément admise : si un joueur veut changer 4 cartes, il doit garder en main un As, qu'il montre à son adversaire. On lui donne alors seulement 3 cartes ; puis l'adversaire fait son échange ; enfin, on lui donne sa dernière carte.

Les joueurs regardent leur jeu modifié et entament la seconde phase de mises, le non-donneur «parlant» en premier.

Le coup se finit dès qu'un des deux joueurs abandonne (en «passant» sur une mise ou une relance de son adversaire, qui ramasse alors le pot) ou quand un joueur «tient» la mise de son adversaire. Il annonce alors *«pour voir»*. Les deux joueurs étalent leur jeu, celui qui a la combinaison la plus forte ramasse le pot.

➢ **Attention :** quand un des joueurs abandonne, le gagnant n'a absolument pas à lui montrer son jeu, bien au contraire ! Le Poker est un jeu de bluff, où il suffit souvent de faire croire à son adversaire qu'on est le plus fort...

L'ART DE LA TROMPERIE

Faut-il le rappeler, le Poker est un jeu de bluff ! Le grand art est donc de tromper son adversaire : de lui faire croire qu'on a un bon jeu quand on n'a rien, ou qu'on n'a rien quand on a un bon jeu... Certes, votre large sourire ou votre mine renfrognée peut impressionner. Mais le nombre de cartes que vous demandez est un indice autrement objectif ! N'hésitez donc pas, de temps en temps, à demander moins de cartes que vous auriez dû le faire. Par exemple, avec une Paire en main, au lieu de changer classiquement 3 cartes, n'en demandez que 2... C'est ce qu'on appelle un écart maquillé.

VARIANTES

Il existe des milliers de variantes du Poker. La plus connue, très largement pratiquée aux États-Unis, est le STUD POKER. La seule différence se situe au niveau de la distribution des cartes et des phases de mises qu'elle entraîne.

Le tour de jeu se présente ainsi :

- Les joueurs posent leur mise obligatoire de départ.

- Le donneur distribue 1 carte face cachée à chacun, puis 1 carte face visible. Chaque joueur regarde sa carte cachée sans la montrer à l'autre.

- Phase de mises.

- Le donneur distribue à chacun une deuxième carte face visible, puis une troisième, puis une quatrième, toujours visibles.

- Entre chaque carte, on fait une phase de mises, et encore une après la quatrième.

Note : le coup s'interrompt évidemment dès qu'un joueur passe.

Pokino (le)

Matériel : 1 jeu de 32 cartes
Difficulté : 2
Chance : 4
Réflexion : 3
Principe de jeu : un astucieux et très amusant cocktail de jeu de plis et de Poker !
Ordre des cartes : classique

Préparation :

On prépare d'abord une feuille de marque de ce type :

Joueur A		Joueur B	
Bonus	**Plis**	**Bonus**	**Plis**
Score total		**Score total**	

Le donneur distribue 5 cartes à chaque joueur, faces cachées. Le reste des cartes est posé en pile et constitue le talon.

Tour de jeu :

Le Pokino se décompose en trois phases, l'écart, les plis et le Pok.

• L'écart :

Les joueurs, en commençant par le non-donneur, peuvent échanger de 0 à 3 cartes de leur main avec celles du talon. Un joueur peut échanger plusieurs fois : mais à chaque fois qu'il échange, il multiplie d'autant ses futures pénalités de plis (un joueur qui échange 3 fois les multiplie par 3).
Quand les deux joueurs ont fait les échanges qu'ils voulaient, ils entament la deuxième phase de plis, le non-donneur commençant.

• Les plis :

Le joueur joue une carte devant lui, son adversaire une autre, de son choix. Les couleurs ne comptent pas, c'est simplement la plus haute des deux cartes qui remporte le pli. En cas d'égalité, la première carte jouée gagne. Le joueur qui remporte le pli laisse sa carte face visible devant lui, son adversaire retourne la sienne, face cachée.

➤ **Attention** : au lieu de jouer une carte, le joueur peut jouer une Paire. Dans ce cas, pour remporter le pli, son adversaire doit jouer une Paire supérieure. Sinon, il se débarrasse de deux cartes de son choix. Ce pli «double» compte pour deux plis. Quand les cinq plis ont été joués, chaque joueur marque 1 point par pli qu'il a ramassé, multiplié par la pénalité d'écart de son adversaire.

Combinaisons	Points
Paire	40
Deux Paires	100
Brelan	200
Suite	300
Couleur	400
Full	500
Carré	700
Suite couleur	1000

Exemple :

Le joueur A a fait 3 échanges, le joueur B seulement 2. A a ramassé 4 plis, il marque donc 8 points (4x2). B a ramassé 1 pli, il marque donc 3 points (1x3).

Ces points sont comptabilisés dans la colonne Plis de chaque joueur. Un joueur qui fait les 5 plis marque aussitôt un bonus de 250 points dans sa colonne Bonus.

• Le Pok :

Les deux joueurs retournent alors, faces visibles, les 5 cartes qu'ils ont jouées. Celui des deux joueurs qui a la plus forte combinaison en marque les points dans sa colonne Bonus.

Ces combinaisons sont celles du Poker (voir Poker).

Fin du coup :

Si un joueur atteint ou dépasse un total de 20 points dans sa colonne de plis, il marque un «Jeu». Son total de points de plis est remis à 0, et il marque un bonus de 100 points dans sa colonne Bonus. Son adversaire voit son total de points de plis remis aussi à 0… mais sans aucun bonus !
Quand un joueur marque un deuxième Jeu, il obtient un bonus de 500 points si son adversaire a déjà gagné un Jeu, et de 750 points si son adversaire n'a encore gagné aucun Jeu.

Victoire :

Le vrai score du joueur est celui totalisé dans sa colonne Bonus. Pour désigner le vainqueur, on convient d'un score à atteindre, généralement 2000 points.

Rami (le)

Matériel : 1 jeu de 52 cartes et les deux Jokers
Difficulté : 2
Chance : 2
Réflexion : 3
Principe de jeu : se débarrasser de ses cartes par des combinaisons
Ordre des cartes : classique

Le Rami est un jeu mondialement connu et pratiqué, qui se prête donc à d'innombrables variantes…
La règle présentée ici est, à 2 joueurs, la plus courante.

Préparation :

Le donneur distribue 10 cartes à chaque joueur. Le reste des cartes forme la pioche, dont le donneur retourne la première carte, face visible, pour ouvrir la pile de défausse.

Tour de jeu :

A son tour, le joueur commence par prendre, soit la carte supérieure visible de la pile de défausse, soit la carte supérieure cachée de la pile de pioche. Il intègre cette carte à sa main.
Il peut ensuite poser des combinaisons faces visibles devant lui à partir des cartes de sa main.

Les combinaisons admises sont constituées d'au moins 3 cartes :

- soit des Suites de cartes de la même couleur (9, 10, Valet de Cœur par exemple) ;

- soit 3 (Brelan) ou 4 (Carré) cartes semblables (8 de Trèfle, 8 de Cœur, 8 de Pique par exemple).

Seulement s'il a déjà posé au moins une combinaison, le joueur a aussi le droit de compléter des combinaisons déjà posées par lui ou par son adversaire.

Exemple :

Le joueur B a déjà posé une Suite 6, 7, 8, 9 de Carreau. A, à son tour, se débarrasse sur cette combinaison de son 5 et de son 10 de Carreau.

Enfin, le joueur rejette une carte de sa main, visible, sur la pile de défausse. C'est à son adversaire de jouer.

Le Joker :

Il peut remplacer n'importe quelle carte dans toute combinaison. Mais il est interdit d'utiliser seulement un Joker pour compléter une combinaison déjà posée.

Exemple :

Le joueur B a déjà posé une Suite 9, 10, Valet de Trèfle. A un tour suivant, il ne peut pas poser son Joker en guise de 8 ou de Dame de Trèfle. Mais il en a le droit s'il l'accompagne d'une autre carte, en posant par exemple le Joker comme Dame de Trèfle et le Roi de Trèfle.

A son tour, un joueur peut aussi s'emparer d'un Joker déjà posé par lui-même ou par son adversaire. Il doit pouvoir remplacer le Joker par la «vraie» carte à laquelle il correspond.

Exemple :

Le joueur B a déjà posé un Carré de Dames, dont un Joker remplace la Dame de Cœur. A son tour, le joueur A, qui a la Dame de Cœur, la pose à la place du Joker et intègre le Joker à sa main.

Fin du coup et victoire :

Le coup se termine dès qu'un joueur fait «Rami» en posant toutes ses cartes (il peut au besoin rejeter la dernière sur la défausse).

L'adversaire du joueur qui a fait Rami encaisse le total des valeurs des cartes qu'il a encore en main. Si le joueur a fait Rami en se débarrassant de toutes ses cartes d'un seul coup, c'est-à-dire sans avoir posé (ni donc complété) aucune combinaison auparavant, on dit qu'il fait une «Générale» : les points encaissés par l'adversaire sont doublés !

Joueur B

Joueur A

Rami de la grand-mère (le)

Matériel : 1 jeu de 54 cartes (52 avec les Jokers)
Difficulté : 1
Chance : 4
Réflexion : 2
Principe de jeu : se débarrasser de ses cartes et bloquer l'adversaire en imposant sa couleur
Ordre des cartes : classique

Préparation :

Le donneur alterne à chaque coup. Au premier coup, on distribue 7 cartes à chacun. Au deuxième coup, 6. Puis, 5, 4, 3, 2, 1. Ensuite on remonte : 2, 3, 4, etc. Et ainsi de suite.
Les cartes restantes forment la pioche. Le donneur en retourne la première carte, qui indique la première couleur demandée. Si cette carte est un 2 ou un Valet, le donneur choisit librement la couleur demandée après avoir regardé son jeu.

Tour de jeu :

Le non-donneur commence.
Il peut jouer une de ses cartes, qui doit être de la couleur demandée. Il peut aussi jouer une carte d'une autre couleur, mais de même hauteur que la dernière carte jouée (Roi sur Roi par exemple). Dans ce cas, il a le droit de changer la couleur demandée, qu'il annonce à haute voix : *«Trèfle !»*. Enfin, il peut toujours jouer un 2 ou un Valet et changer de la même façon la couleur.

> Le joueur n'est jamais obligé de «changer» la couleur, il peut, si ça l'arrange, annoncer la même. La hauteur de la carte qu'il joue pour changer la couleur n'a aucune importance.

Le joueur peut aussi prendre une carte dans la pioche au lieu de jouer. Il n'y est obligé que s'il n'a aucune carte jouable. Mais, pour des raisons tactiques, il peut très bien décider de piocher alors qu'il pouvait jouer.
Quand le joueur a joué ou pioché, c'est au tour de son adversaire.

Fin du coup :

Le coup s'arrête dès qu'un des deux joueurs a joué sa dernière carte.

➤ **Attention** : quand un joueur n'a plus qu'une seule carte en main, il est obligé de «taper» (c'est-à-dire de frapper un petit coup sur la table) pour le signaler à son adversaire, et ce avant que son adversaire ait joué. Si un joueur a oublié de taper, et que son adversaire le lui fait remarquer, il pioche instantanément une carte de pénalité. On est obligé de taper à la fin de chaque coup où on se retrouve avec une seule carte en main.

Le joueur qui a encore des cartes en main en totalise les valeurs et ajoute ce total à son score. L'As, le Valet, le Joker, ou le 2 vaut 15 points ; la Dame ou le Roi vaut 10 ; les autres cartes valent leur valeur chiffrée.

ATTENTION

Il peut arriver (rarement) que la pioche se finisse et que plus personne ne puisse jouer. Les deux joueurs augmentent alors leur score avec les points des cartes qu'ils ont en main.

VARIANTE

Les CHIFFRES MAGIQUES : une variante à la fois plus chanceuse et plus tactique.

Quand le score d'un joueur est un nombre à deux chiffres semblables (11, 22, 33, 44, etc.), son score retombe miraculeusement à 0.

Quand le score d'un joueur est exactement une dizaine (10, 20, 30, 40, etc.), il s'ajoute aussitôt un malus de 15 points.

Notez que les effets peuvent s'enchaîner : un joueur à 40 passe à 55, qui est un chiffre magique, et retombe donc finalement à 0 ! Par contre, à 90 (ou 100), c'est la sortie directe : 90 + 15 = 105 ! Enfin, 99 reste le dernier espoir des joueurs désespérés...

Victoire :

En plusieurs coups, le premier joueur dont le score dépasse 100 points «sort» et perd la partie.

Si l'on désire tenir un score ou se payer, on compte alors l'écart de points qui sépare le gagnant du perdant.

Exemple : *A «sort» en totalisant 105 points, tandis que B a 60 points. B marque 45 points.*

Scopa (la)

Matériel : 1 jeu de 52 cartes
Difficulté : 2
Chance : 4
Réflexion : 3
Principe de jeu : prendre des cartes exposées en égalant leurs valeurs
Ordre des cartes : très particulier (voir Préparation)

Préparation :

La Scopa, jeu italien, comme l'Escoba, jeu espagnol apparenté, se pratique normalement avec un jeu de Tarot ancien, dont les familles sont Denier, Coupe, Bâton et Epée, qui comprennent en outre des Cavaliers.
Mais on peut y jouer facilement avec un jeu classique de 52 cartes aménagé :
- on retire du jeu les Dames, les 8 et les 10 ;
- les 9 jouent le rôle des Cavaliers ;
- la famille Carreau est considérée comme la famille Denier.

L'ordre des cartes croissant est : As, 2, 3, 4, 5, 6, 7, Valet, Cavalier (9), Roi.
Les cartes ont les valeurs suivantes : Roi 10, Cavalier 9, Valet 8, et toutes les autres cartes ont leur valeur chiffrée, l'As valant 1.

Une fois le jeu «aménagé», le donneur distribue 3 cartes à chacun, puis en retourne 4, faces visibles, au centre de la table.

Tour de jeu :

Le non-donneur commence.
A son tour, le joueur pose une carte au centre de la table. Si une ou plusieurs cartes additionnées ont la même valeur que sa carte jouée, il peut les ramasser avec sa carte jouée. Sinon, sa carte reste avec les autres, et c'est à l'adversaire de jouer.

Exemple :
En jouant un Roi de valeur 10, le joueur peut ramasser un autre Roi (ou plusieurs Rois s'il y en a plusieurs exposées), ou un Valet (8) et un 2 (2), ou un 6 et un 4, ou un 7 et un 3, ou un Cavalier (9) et un As (1).

➤ **Attention** : quand un joueur ramasse d'un coup toutes les cartes exposées sur la table, il fait «Scopa» et il marque aussitôt 1 point.
Dès qu'un joueur a joué ses 3 cartes, le donneur lui en redonne 3 du talon.

Fin du coup :
Le coup s'arrête quand le talon est épuisé et que chaque joueur a joué toutes ses cartes.
Chaque joueur marque alors des points selon l'ensemble des cartes qu'il a ramassées :

- 1 point s'il a le plus de cartes de Denier (en cas d'égalité, personne ne marque le point).
- 1 point pour le 7 de Denier.
- 1 point si le joueur a trois 6 et un 7.
- 1 point si le joueur a trois 7 et un 6.

Victoire :
En plusieurs coups, le premier joueur qui atteint 31 points (même en cours de coup, avec une Scopa) est déclaré vainqueur.

Exemple :
En jouant son 9 ou Cavalier, le joueur ramasse le 7 plus le 2, et le 5 plus le 4. Soit toutes les cartes. Une magnifique Scopa !

JEUX APPARENTÉS

L'ESCOBA :

Ce jeu espagnol utilise un principe de jeu très similaire à celui de la Scopa.

Pour «aménager» le jeu, on enlève cette fois les 8, les 9, et les 10, et ce sont les Dames qui tiennent le rôle des Cavaliers.

La distribution et le tour de jeu sont identiques à ceux de la Scopa. A une seule différence : on ne ramasse des cartes que si on réalise un total de 15 avec elles et la carte qu'on a jouée. Ce total peut être réalisé par addition avec une ou avec plusieurs cartes exposées.

Exemple :

En jouant un Valet de valeur 8, on peut ramasser un 7 (ou plusieurs 7), ou un 6 et un As (1), ou un 5 et un 2, ou un 4 et un 3. En jouant un Roi (10), on peut ramasser un ou plusieurs 5, ou un 2 et un 3, ou un As (1) et un 4.

Le joueur qui ramasse d'un coup toutes les cartes exposées fait une «Escoba» et marque aussitôt 1 point.

Exemple :

En jouant un 4, le joueur peut ramasser le Roi et l'As (10 + 1 + 4) et la Dame-Cavalier et le 2 (9 + 2 + 4). Une superbe Escoba !

A la fin de la partie, la marque des points adopte la convention suivante :

tous les deniers	2 points
plus de deniers	1 point
le 7 de denier	1 point
les quatre 7	3 points
le plus de 7	1 point
le plus de cartes	1 point

En cas d'égalité à «plus de deniers», «le plus de 7» ou «le plus de cartes», personne ne marque le point en question.

Le vainqueur, comme à la Scopa, est le premier à 31 points.

LA CHKOUBA :

Ce jeu très populaire en Tunisie suit très exactement les règles de la Scopa. On «aménagera» donc le jeu exactement de la même façon.

Le système de prise des cartes est aussi identique : il faut égaler la valeur des cartes exposées (un Roi (10) ramasse un Roi, ou un 7 et un 3, etc.).

La marque est la suivante :
- Chkouba (= Scopa) : 1 point.
- Hayab : 7 de Denier, joué de sa main et ramassant au moins une carte : 1 point.
- Le plus de cartes : 1 point.
- Le plus de 6 et de 7 cumulés : 1 point.

Le vainqueur est le premier joueur à 25 ou 50 points.

SERPETTE (LA)

Matériel : 1 jeu de 52 cartes
Difficulté : 2
Chance : 2
Réflexion : 4
Principe de jeu : ramasser des plis avec des atouts qui n'en sont pas vraiment...
Ordre des cartes : classique

Préparation :

Le donneur distribue 10 cartes à chaque joueur.

Chaque joueur regarde son jeu. Puis le non-donneur doit annoncer la première «Serpette» : c'est la hauteur des cartes, plus celle juste inférieure, qui serviront d'atouts.

S'il annonce par exemple «Serpette au Valet», c'est qu'il veut que les Valets et les 10 de toutes les couleurs soient les «atouts» du coup.

La première Serpette annoncée ne peut pas être une Serpette au 2.

Son adversaire peut accepter, ou annoncer la hauteur immédiatement inférieure.

Dans notre exemple, il peut annoncer «Serpette au 10», les 10 et les 9 devenant les atouts.

Les annonces continuent jusqu'à ce qu'un joueur accepte, ou qu'on arrive à une annonce de «Serpette au 2».

> Cette annonce est particulière : seuls les 2 sont les atouts, et les points de fin de coup seront multipliés par 4.

L'adversaire peut cependant refuser cette annonce, il dit «*Sans*». Le coup se joue alors sans atout, et les points seront multipliés par 2.

➤ **Attention :** le joueur dont l'annonce finit par s'imposer s'engage à faire au moins 6 plis.

Tour de jeu :

Le joueur «annonceur» joue le premier.

A son tour, le joueur joue une carte sur la table. Son adversaire doit fournir dans la couleur s'il le peut. Sinon, il a le choix entre couper avec une des 8 cartes de la Serpette, ou se défausser de n'importe quelle carte. Le pli est ramassé par la carte la plus forte de la couleur demandée, à moins qu'elle n'ait été coupée. Le joueur qui ramasse le pli entame le suivant.

➤ **Attention :** les cartes Serpettes sont considérées n'appartenir à aucune couleur.

Si un joueur entame avec une carte Serpette, son adversaire doit jouer une Serpette s'il le peut. Sinon, il se défausse de n'importe quelle carte. La Serpette la plus haute l'emporte. A égalité, c'est la première Serpette jouée qui ramasse le pli.

Fin du coup :

Le coup s'arrête quand les 10 plis ont été joués.

Le joueur «annonceur» marque autant de points qu'il a fait de plis au-dessus de 5. S'il a fait les 10 plis, il marque 10 points.

Exemple :

Le joueur «annonceur» fait 8 plis, il marque 3 points, son adversaire, 0.

Si le joueur fait moins de 6 plis, il donne 1 point par pli manquant à son adversaire. S'il n'a fait qu'1 pli ou aucun, il lui donne 10 points.

Exemple :

Le joueur «annonceur» fait 2 plis, il donne 4 points à son adversaire, et lui marque 0.

➤ **Attention :** ces points sont multipliés par 4 si on a joué une Serpette au 2, ou multipliés par 2 si on a joué sans Serpette.

Victoire :

Le premier joueur qui atteint un total supérieur ou égal à 21 points marque une manche. Les points au-delà de 21 lui sont conservés pour la manche suivante, tandis que son adversaire revient à 0.

Exemple :

A atteint 26 points à la fin d'un coup, B a 17. A gagne la manche. Il repart dans la manche suivante avec déjà 5 points, tandis que B a 0.

Le premier joueur qui remporte 2 manches est le vainqueur.

Spoil five

Matériel : 1 jeu de 52 cartes, des jetons
Difficulté : 5
Chance : 5
Réflexion : 4
Principe de jeu : marquer 5 plis… en s'y retrouvant dans la hiérarchie des cartes !
Ordre des cartes : voir plus loin !

Ordre des cartes :

Il est très particulier dans ce jeu couramment pratiqué aux Etats-Unis. L'ordre des cartes varie selon chaque famille et selon l'atout.

• Quand une famille n'est pas l'atout :

- Pique et Trèfle : ordre croissant : 2, 3, 4, 5, 6, 7, 8, 9, 10, Valet, As, Dame, Roi.
- Carreau et Cœur : ordre croissant : As, 2, 3, 4, 5, 6, 7, 8, 9, 10, Valet, Dame, Roi.

• Quand une famille est l'atout :

Ordre croissant : 2, 3, 4, 6, 7, 8, 9, 10, Dame, Roi, As, Valet, 5.

➤ **Attention :** quelle que soit la famille d'atout choisie, l'As de Cœur est toujours un atout, et le troisième atout dans la hiérarchie !

Donc, si l'atout est Cœur, pas de problème. Par contre, si l'atout est Trèfle, Pique ou Carreau, la hiérarchie des atouts devient : 2, 3, 4, 6, 7, 8, 9, 10, Dame, Roi, As, As de Cœur, Valet, 5 !

Préparation :

Chaque joueur mise un jeton au pot. Le donneur, qui alterne d'un coup à l'autre, distribue 5 cartes à chacun. Puis il retourne la carte suivante, la «retourne», qui fixe la famille de l'atout.

Si la retourne est un As, le donneur peut la prendre aussitôt et la remplacer par une carte de sa main.

Si la retourne n'est pas un As, et que le donneur a l'As d'atout en main, il peut rejeter une de ses cartes sous le talon et la remplacer par la retourne.

Si le non-donneur a l'As d'atout en main, il peut donner une de ses cartes au donneur et la remplacer par la retourne. Le donneur rejette alors une de ses cartes pour remplacer la retourne.

Tour de jeu :

Le non-donneur entame.
A son tour, le joueur joue une carte de sa main. Il pose la carte face visible devant lui. Son adversaire joue aussi une carte devant lui-même. Il doit fournir une carte de même famille. S'il n'en a pas, il est obligé de couper. S'il n'a pas d'atout non plus, il a alors le droit de se défausser de n'importe quelle carte.

➢ **Attention** : un joueur qui a en main le 5 d'atout, ou le Valet d'atout, ou l'As de Cœur, est obligé de le jouer dès que son adversaire joue de l'atout.

Le joueur qui a joué la carte la plus forte de la couleur demandée, ou de l'atout, gagne le pli. Il fait pivoter sa carte de 90 degrés pour le noter.

➢ **Attention** : quand un joueur remporte les 3 premiers plis, il peut annoncer «*Five !*». Il s'engage par là à faire les 2 derniers plis. S'il les fait, son adversaire lui paiera 2 jetons supplémentaires. S'il ne les fait pas, le coup sera nul, et le pot restera pour le coup suivant.

Fin du coup :

Le coup s'arrête quand les 5 plis ont été joués.

On vérifie d'abord que les règles et la hiérarchie ont bien été respectées : les plis successifs sont en effet visibles, puisque chaque joueur a aligné ses cartes jouées devant lui.

Si une ou plusieurs erreurs de jeu ont été faites, le fautif paie deux jetons au pot, et son adversaire ramasse tout le pot. Si les deux joueurs ont fait une erreur, ils paient chacun deux jetons, le coup est annulé, le pot reste.

S'il n'y a pas eu d'erreur, le joueur qui a fait 3 plis ou plus remporte le pot.

TRUCO (LE)

Matériel : 1 jeu de 32 cartes, des jetons
Difficulté : 2
Chance : 4
Réflexion : 2
Principe de jeu : ramasser des plis sinon, bluffer !
Ordre des cartes : croissant : 9, 10, Valet, Dame, Roi, As, 8, 7

Préparation :

Chaque joueur mise 1 jeton. Le donneur distribue 3 cartes à chaque joueur. Le reste des cartes forme le talon.

Le donneur peut alors demander un écart. Si l'adversaire refuse, on joue tout de suite. Si l'adversaire accepte, chaque joueur, en commençant par le donneur, échange 1 à 3 cartes avec celles du talon.

Tour de jeu :

Le non-donneur joue le premier une carte de son choix. Le donneur, avant de jouer, peut alors annoncer *«deux et je joue !»*. C'est-à-dire qu'il demande, pour que le coup continue, que chaque joueur mise 1 jeton. Le non-donneur, s'il refuse, jette son jeu et le donneur ramasse les mises. S'il accepte, chacun mise un jeton et le donneur joue. Le donneur peut aussi jouer directement sans rien annoncer.

La plus forte des deux cartes emporte le pli et le joueur qui l'a jouée entame le pli suivant. En cas d'égalité, le pli est dit «pourri», il reste au centre de la table, et il sera ramassé par celui qui remportera le pli suivant. Après un pli «pourri», c'est le joueur qui l'a entamé qui entame le pli suivant.

Par la suite, avant de jouer une carte en réponse à la carte de son adversaire, un joueur a toujours, à chaque pli, la possibilité d'annoncer *«deux et je joue !»*. Une autre annonce plus audacieuse est *«mon reste !»*. C'est-à-dire que le joueur demande qu'on joue pour le nombre de jetons qui le sépare de la victoire.

Exemple :

La victoire est à 12 jetons, le joueur en a 8. S'il annonce «mon reste !» et que l'adversaire accepte, chaque joueur mise aussitôt 4 jetons.

➤ **Attention** : l'adversaire peut refuser cette enchère sans pour autant abandonner le coup.

Fin du coup :

Le joueur qui a marqué 2 plis sur les 3 remporte toutes les mises. Il peut arriver qu'aucun des joueurs ne fasse 2 plis : le coup est nul, les mises restent pour le coup suivant.

Victoire :

On joue généralement la victoire à 12 jetons ramassés.

VARIANTE

LE TRUCO «MANCHÉ» :
Un joueur qui atteint ou dépasse 12 jetons gagnés remporte une manche. Il marque en points l'écart qui le sépare de son adversaire.

Exemple :
A gagne avec 14 jetons, B en a ramassé seulement 6. A marque une première manche de 8 points.

On joue en 5 manches. Au début de la troisième manche, si chacun des joueurs a déjà gagné une manche, les points de la troisième manche sont doublés. Au début de la cinquième manche, si les deux joueurs ont gagné chacun deux manches, les points de cette cinquième manche sont quadruplés. Sinon, ils sont doublés.

Les joueurs additionnent les points des cinq manches pour connaître leur score... et leur différence de points, souvent monnayée !

Va pêcher !

Matériel : 1 jeu de 52 cartes
Difficulté : 1
Chance : 5
Réflexion : 1
Principe de jeu : ramasser un maximum de cartes en les demandant à son adversaire
Ordre des cartes : classique

Préparation :

Le donneur distribue 10 cartes à chaque joueur. Le reste des cartes constitue la pile de pioche.

Tour de jeu :

Le non-donneur commence.
A son tour, le joueur montre une carte de sa main et demande à son adversaire de lui donner toutes ses cartes de même hauteur.
Si l'adversaire en a, il les lui donne toutes.
Si l'adversaire n'en a pas, il répond *«va pêcher !»*. Le joueur prend alors la première carte de la pioche : si, par chance, cette carte est de la hauteur qu'il venait de demander, il peut rejouer aussitôt et demander une autre hauteur de carte à son adversaire. Sinon, son tour est fini.

Exemple :

A montre à B un Valet. B a deux Valets, qu'il donne à A. A peut rejouer, et il montre un 6. B n'en a pas, et s'exclame «va pêcher !». A pioche donc une carte : miracle, c'est un 6 ! Il le garde, et il peut rejouer : il demande à B un Roi. B n'en a pas : «va pêcher !». Cette fois, A pioche un 4. Son tour est fini.

➤ **Attention :** quand un joueur a les quatre cartes d'une même hauteur en main, il les étale aussitôt devant lui.

Fin du coup :

Le coup se termine dès qu'un joueur prend la dernière carte de la pioche.

Victoire :

Le joueur qui a le plus de Carrés étalés devant lui a gagné. En cas d'égalité, c'est le joueur qui possède le Carré le plus haut (dans l'ordre classique des cartes, croissant du 2 à l'As) qui l'emporte.

WAM (LE)

Matériel : 2 jeux de 32 cartes + 2 Jokers
Difficulté : 2
Chance : 5
Réflexion : 2
Principe de jeu : réaliser des combinaisons pour remplir sa marque, comme au jeu de dés du Yams
Ordre des cartes : classique

Préparation :

Il faut pour chaque joueur une feuille de marque de ce modèle :

Combinaisons	Points
Paire	
Double Paire	
Brelan	
Full	
Carré	
Couleur	
Suite	
Suite couleur	
Wam	
Le Plus	
Le Moins	
TOTAL	

A chaque coup, le donneur (qui alterne d'un coup à l'autre) bat ensemble les deux paquets de 32 cartes et les Jokers, puis il distribue 5 cartes à chaque joueur. Il retourne la carte suivante face visible, qui ouvre la pile de défausse. Le reste des cartes constitue la pioche.

Tour de jeu :

Le non-donneur commence.
A son tour le joueur commence par piocher, soit la carte visible de la pile de défausse, soit la première carte de la pioche. Il examine son jeu, puis il rejette une carte de sa main sur la pile de défausse, face visible. Il a alors la possibilité d'annoncer une combinaison et de mettre fin au coup. Sinon, c'est à son adversaire de jouer de la même façon.
Quand un joueur annonce une combinaison, il étale ses cinq cartes et il marque sa combinaison sur la ligne correspondante de sa feuille de marque.
Son adversaire étale également son jeu et peut aussi marquer une combinaison s'il en a une.

S'il n'en a pas, ou si c'est une combinaison qu'il a déjà faite, ou s'il trouve sa combinaison trop faible, il raye la case d'une combinaison qu'il n'a pas encore faite, et qu'il ne pourra plus faire.

➤ **Attention** : dans une partie, un même joueur ne peut pas marquer deux fois la même combinaison. Et il est absolument interdit d'étaler son jeu si l'on n'a pas une combinaison valable et marquable !

Les combinaisons :
- Paire : deux cartes de même hauteur.
- Double Paire : deux Paires. Si ça l'arrange, un joueur peut compter un Carré comme une double Paire.
- Brelan : trois cartes de même hauteur.
- Full : un Brelan plus une Paire.
- Carré : quatre cartes de même hauteur.
- Couleur : cinq cartes de la même famille.
- Suite : cinq cartes qui se suivent. Si ça l'arrange (mais c'est rare !), un joueur peut compter une Suite couleur comme une simple Suite.
- Suite couleur : cinq cartes de la même famille qui se suivent.
- Wam : un Carré plus un Joker.

Le joueur qui fait une combinaison marque la somme des valeurs des cartes qui la composent. L'As vaut 15, les figures valent 11, les autres cartes valent leur valeur chiffrée.

➤ **Attention** : un Joker peut remplacer n'importe quelle carte, mais sa valeur est 0 !

Exemple :
Une Paire de 8 est marquée 16 dans sa ligne de la colonne Points. Une Suite 8,9,10,Valet, Dame est marquée 49. Un Brelan 9,9, Joker est marqué 18.

Le Plus et le Moins : pas besoin de combinaison. Le joueur inscrit juste dans une de ces lignes une somme de valeurs de ses cartes, la plus élevée possible dans le Plus, la plus faible possible dans le Moins. La première des deux cases que le joueur remplit détermine l'autre. Par exemple, si un joueur inscrit un total de 35 dans son Plus, il ne pourra ensuite inscrire qu'un total inférieur à 35 dans son Moins. Et inversement. Ou alors, il raye !

Fin du coup et victoire :
Quand les deux joueurs ont rempli ou rayé toutes leurs lignes, chacun additionne ses points. Le plus fort total est vainqueur !

LE GRAND WAM :

La partie est plus longue mais plus tactique. Il faut savoir faire des sacrifices !

Chaque joueur utilise une feuille de marque sur ce modèle :

Combinaisons	Descente	Montée	Libre
Paire			
Double Paire			
Brelan			
Full			
Carré			
Couleur			
Suite			
Suite couleur			
Wam			
Le Plus			
Le Moins			
TOTAL			

Les combinaisons de la colonne Descente sont obligatoirement inscrites dans l'ordre descendant.

Par exemple, on ne peut y marquer un Brelan avant d'y avoir déjà marqué (ou rayé) une Paire et une double Paire.

Dans la colonne Montée, on part du bas.

Par exemple, on ne peut pas marquer une Suite couleur avant d'avoir marqué (ou rayé) un Moins, un Plus, et un Wam.

Enfin, on marque ou on raye librement dans la dernière colonne, dans n'importe quel ordre.

Le total des trois colonnes donne le score final.

FEUILLES DE SCORE SIMPLES

Joueur 1	Joueur 2	Joueur 1	Joueur 2

Joueur 1	Joueur 2	Joueur 1	Joueur 2

FEUILLES DE SCORE DOUBLES

Joueur 1		Joueur 2		Joueur 1		Joueur 2	

Joueur 1		Joueur 2		Joueur 1		Joueur 2	

FEUILLES DE SCORE TRIPLES

Joueur 1			Joueur 2		

NOTEZ VOS PARTIES ! ..

Nom du jeu	Date	Vainqueur	Score

NOTEZ VOS PARTIES ! ..

Nom du jeu	Date	Vainqueur	Score

5346

Imprimerie G. Canale & C. S.p.A. - Borgaro T.se - Turin
Dépôt légal : août 1998/0099/213
ISBN 2-501-03083-4